風響社あじあ選書②

十月の梧葉

研究者としての半生を振り返る

瀬川昌久

風響社

序

本書は、文化人類学者として約四〇年の研究者生活を過ごしてきた筆者が、大学を定年退職するにあたり、これまでの生い立ちや人生の体験を振りかえりながら、自分にとって文化人類学の研究とはいったい何であったのだろうかと、とりとめもなく思いめぐらせたことがらを書き留めたものである。

「十月の梧葉《ごよう》」というタイトルは、漢詩の「階前梧葉已秋声」（階前の梧葉すでに秋声）にちなんだつもりである。明初の五山僧の作とも、また朱熹（朱子）の作とも伝わるこの漢詩は、「少年易老学難成」（少年老いやすく学成りがたし）という有名な一句ではじまり、「一寸光陰不可軽」（一寸の光陰軽んずべからず）とつづくが、あえてこの漢詩の一節にちなんだタイトルにした私の意図は、そこから容易に理解されることと思う。

岩手県の花巻市にある私の実家には、玄関の脇に樹齢約九〇年の大きな梧桐《あおぎり》の木があり、この梧桐の木のすぐ奥にあたる場所に、私が中学から高校にかけて読書や受験勉強のために使っていた一室があった。思えば私は、この梧葉のもとで、人生の幕開けの一時期を過ごしたのである。爾来、当時の勉学や思索は、その後の時間の経過と人生の積み重ねを経て、研究者として書いたいくつかの著作や論考の中へとそれなりにつながっていったようにも思われるのだが、その一方で、あの部屋の窓から梧桐の葉を眺めながら夢想していた未来というものがあったとすれば、はたしてその何パーセントを、私は成就することができたのであろうかと自問してしまう。

あの実家の玄関脇の、梧葉は年々歳々秋声を伝え、時間にはかぎりのあること、見はてぬ夢の大きさに比べて己の歩みはあまりにも遅いことを私に悟らせようとしてきたのかもしれないが、私は人生の折々の喧噪や繁忙にかまけ、そのことには気づきもしないままに徒《いたずら》に馬齢を重ねてきたように思う。本書はそうした私の、半世紀を超える半生についての反省と追憶の記である。

●目次

●十月の梧葉——研究者としての半生を振り返る

牽牛花《あさがお》の廃屋

一　永訣の午後

「帰ってくるまで絶対死なねんで生ぎでるがら」　私の両手を握りしめた祖母の皺だらけの、それでいて暖かくて強い手の感触を、私は今でもはっきりと思い出すことができる。一九八三年の二月、私が二年間の香港留学のため、花巻の実家を後にする日の午後のことである。祖母はその約一ヶ月半後、心筋梗塞で急逝したので、このときの別れが永遠の別れとなった。

祖母は西暦一九〇〇年ちょうどの生まれで、ようやく東北地方の近代化が進みはじめた時代、また全国的には「大正デモクラシー」の最中にあたる時代に少女期を過ごしている。片田舎の小さな町の女児にも中等教育の機会がおよびはじめ、新設された花巻女学校に三回生として学んだ際には、一学年上に宮沢賢治の妹・トシもいた。だが、女学校卒業後はトシのように東京の女子大へと進学することはなく、二十歳を待たずに当時地元でそれなりに名の知れた富豪地主であった瀬川家の、次男坊のもとへと嫁いだ。そして夫が分家してからは、二男二女を育てあげ、さらに癌で早世した夫に代わって家屋敷や財産を維持することに腐心した一生であった。

この時代の女性としては比較的大柄な体格であったが、とにかく家族想いの愛情にあふれる女性で、また庭の花を育てることと、童謡を口ずさむことをこよなく愛する人だった。私は、母親が高校の教師として勤めに出ていたことから、幼少期には日中の時間の多くをこの祖母と過ごした。祖母にとっても、病気のため結婚が遅かった長男のもとに生まれた唯一の内孫ということもあり、私の存在はひときわ深い愛情の対象であったと思われる。そうしたことから、子供のころの私はとりわけ祖母への愛着が深かった。

香港への留学は、大学院で文化人類学を専攻する私が、はじめてのフィールドワークのために実施するものであった。文化人類学では、調査地でのフィールドワークによってファーストハンドのデータを集めることこそ、一人前の研究者と認められる第一歩とされていたからである。今日では大学の卒業旅行で海外の秘境を旅したり、世界一周を企てたりする学生も珍しくはないが、そのころはそうした例はまだそれほど一般的ではなく、私の場合もこの留学のための渡航がはじめての海外体験であり、それどころか、それまで国内線の飛行機にさえ乗ったことがなかった。それゆえ、渡航の当日は極度の緊張状態にあった。巨大なトランクを引きずっての移動が、痩せっぽちで非力な私にはとても恨めしく思えたことを覚えている。

香港では、当時香港中文大学で文化人類学の教鞭を執っておられた王崧興先生が私を受け入れてくれることになっており、渡航当日も啓徳空港まで直々に出迎えに来てくれた。到着したのは既に午後の遅い時間で夕闇も迫っていたが、タクシーの窓越しに九龍北部の薄汚れた高層ビル群が見え、いよいよ異国の地に足を踏み入れてしまったという想いが高まった。

香港に着いて二日目の朝、目が覚めたときの感覚を今でも思い出すことがある。夜が明け、鳥の声や自動車の音が遠くから聞こえはじめ、最初は日本にいるときの目覚めとさほど変わらない朝であったが、意識が覚醒してそれが異境の地であることに気づくやいなや、物音や朝の光線の一本一本さえもが、まったく違う意味を帯びたもののように自分の前に立ち現れるのを感じた。音や光など、物理的なものにそのような違和感を覚えたのは、カルチャー・ショックという次元を超えた、はじめての外国滞在という経験が生み出した一種の心理的な過剰反応であったに違いない。

はじめての海外経験であるだけに、とまどいと不安は多かった。しかし、アフリカやニューギニアなど、より「未開」なイメージのあるフィールドに調査に出かけてゆく同僚や先輩たちに比べれば、香港は日本と生活レベルのさほど違わない社会であり、しかも食べ物は米食を基本として箸でそれを食べるし、道端の表示や商標も漢字に溢れており、客観的に見れば適応が比較的容易な場所に違いなかった。最初の一週間ほどは中文大学内の宿舎で過ごし、やがて文化人類学系の助手のアウさんなどに手伝ってもらって、大学の隣にあるチェッライピンという村の中に部屋を借りて住みはじめた。この村は、大学のすぐ隣という地の利を活かして、大学生相手に部屋を貸して生計を立てているような村であった。食事や買い物は大学構内の食堂や売店を利用すれば事足りるので、とても便利な場所であった。

ただ、やはり当初に苦労したのは言葉であった。現地で話されている広東語は、日本にいるうちに基本単語を教科書で学んではみたものの、まったく話せるレベルではなかった。さりとて、英語も学校英語の学習経験しかなく、実践的な会話は事実上はじめてであったから、早口でやや癖の強い香港人が話す英語にも、ついていくのは容易でなかった。結局、まわりの人たちとの会話は、それらのごちゃ混ぜで試みるものの、広東語でも英語でもうまく意志疎通が成り立たず、私も相手もじきに困惑するというパターンの繰りかえしであった。まさに手探り状態で少しずつ話せる単語、できる行動を増やしてゆく以外にない長期戦であり、昨日はやっと切手が買えて郵便が投函できた、今日は食堂でやっと食べたいメニューが注文できたと、一喜一憂する毎日がつづいた。

それでも、フィールドワークを目的としてやって来たからには、なんとか現地での生活に慣れなければなるまいと、勇気を奮い起こして香港新界の農村部を歩きまわることにした。修士論文を書いたときから香港の農村の調査文献を広く読みあさっていた私には、香港新界の村や町の名前にはある程度の親しみがあったし、公共交通機関が発達している香港では、バスやミニバスを利用してほとんど隅々にまで到達することができたからである。また、香港で出版された歴史的建造物や伝統的なお祭りの写真集も大いに役に立った。それらを片手に、この建物のある場所までゆきたい、といいながら歩きまわったり、香港新界の各地にあるさまざまな廟で行われる祭りを見て歩いたりした。

そのようにして徐々に香港での生活にも慣れてきたように思えた三月の末のことである。夕方にフロアの隣人のウォンさんが、私あての国際電話を取り次いでくれた。一体誰からだろうと訝《いぶか》りながら電話口に出ると、それは懐かしい母の声であった。母は私に健康状態をたずねることもせず、やや緊張した声で「びっくりしないでね」と切り出した。その瞬間、私は母が次の言葉を発するまでのゼロコンマ何秒かのあいだに、多くのことを思いめぐらせていた。このような突然の国際電話は、よい知らせであるはずはない。母がよこしたということは、母自身が亡くなったり怪我したりしたのではあるまい。だとすると誰か?父か、祖母か?

「おばあちゃんが亡くなったの。花巻のおばあちゃんよ……」次の瞬間、母の声がそう告げるのを私は呆然として聞いていた。その日の朝方に心筋梗塞の発作を起こし、病院に運ばれたが、午後の二時ころには息を引き取ったのだという。電話を切った後、取り次いでくれたウォンさんには、「祖母が亡くなった」と英語で伝えるのがやっとであった。当時の日記には、「悲しくて一晩中何も考えられず、眠れず」と書いてある。肉親の死を経験するのはそのときがはじめてであったし、しかもとかく意のままにならないことの多い異郷での生活に、ようやく慣れてきた矢先のことでもあったので、祖母の死は精神的にひときわ堪えた。

父母からは葬儀には帰ってこなくてよいと告げられたが、再入国のビザの手つづきを済ませ、航空チケットを手配して花巻の実家に帰り着いたのは、祖母の葬儀が終わった当日の夕方であった。家の玄関をくぐる前、垣根越しに中庭に咲いているクロッカスの花が見えた。実家の庭では毎年春一番に咲く花として、祖母が特に愛した花であった。臨終に間にあわず、葬儀にさえ間にあわなかったということに加え、遠く海外にいってしまった孫の安否を気遣う心労が、祖母の冠状動脈を蝕み、その死期を早めたに違いないという悔いが、私の中で渦巻いていた。この想いは、四〇年近いときを経た今でも、ときおり頭をもたげては胸を苦しくさせる想いである。祖母にとっては、私は何歳になろうとも頼りない泣き虫の小さな孫であったに違いない。一人異境の地にあるその孫の身を案じ、祖母は人生の終末の幾晩かを、寝苦しい夜として過ごしたのであろうか。

一週間ほど実家で過ごした後に香港へ戻った日の夜、私は西の空に明るく輝く金星を見つけた。摩天楼の建ちならぶ香港の都市部では、たぶん星は見えづらいであろうが、中文大学の周辺の夜は十分に暗く、空の星々はとてもくっきりと見えた。私は、これからはあれを祖母だと思うことにしようと思った。今は亡き親しい人を夜空の星にたとえる人がいることは、詩や小説を通じて知ってはいたが、よもや自分が実際にそうするとは予期していなかった。しかし、今になってみれば、それは親しい人の死後の喪失感の中にある者にとってはごく自然な行為にも思える。私は、後日父が他界してからは木星を、また母が亡くなってからは火星を、遠くへいってしまった彼らの姿だと心の中で思うことにしている。

このようにして、祖母の死という悲しみに苛《さいな》まれてはじまった私の香港留学であったが、その後は何とか広東語での意志疎通もできるようになり、調査地として住み込む村もみつかって、一九八五年の二月までの二年間、香港で暮らしつづけることになった。そのあいだに実施した調査は、その後博士論文の土台となり、また最初の学術書刊行の素材ともなった。人類学の研究者としての自分のキャリア形成は、疑いなくこの香港での滞在調査によってはじまったものである。滞在中は、調査がうまく進展せずに途方に暮れることもしばしばではあったが、その都度、ここで放り出したのでは、死期を早めてまで私を送り出してくれた祖母に申しわけないとの想いが、私の中で自分を励ましつづけていたように思う。

また、今にしてあらためて思えば、当初の目的であった現地調査にまで何とかこぎ着けることができたのは、ひとえに中文大学の王崧興先生と、その教え子の人類学系の学生たちの助力に負うところが大きかった。王先生は国立台湾大学の出身で、東京大学の博士課程で中根千枝先生に学んだ、いわば私にとって兄弟子にあたる大先輩であった。王先生には、留学を控えた一二月、中根先生のお引きあわせによって赤坂のどこかの中華料理店ではじめてお会いした。温厚で忍耐強くどこか朴訥とした雰囲気のある王先生は、私のような中国語も英語もおぼつかず適応能力のほどもしれない大学院生を、快く中文大学の研究生として受け入れてくれた。そして、相互の刺激になればと、自分の指導学生と共同で香港新界の農村の概況調査を企画するよう提案してくれた。

そのようにしてはじまった香港新界八郷地区での概況調査の中から、私は住み込み調査地として「S村」をみつけることができたのである。また、当時の共同調査に参加した学生のうち、後にイギリスに留学して人類学の研究者になった者もおり、中でも現在香港大学で教鞭を執る王向華くん（通称ア・ファ）とは、その後四〇年におよぶ長い友人関係がつづいている。しかし、王崧興先生御自身は、千葉大学の教授をしておられた一九九五年に病気のため急逝されてしまった。文化人類学的な漢民族研究のパイオニアであり、また私の最初のフィールドワーク実現にとっての恩人でもあったので、彼の早すぎる死は残念でならない。王先生のあの穏やかな語り口と表情は、今も鮮明に脳裏に浮かぶ。王先生の思い出もふくめ、はじめての海外渡航、祖母の死、試行錯誤のフィールド調査等の凝縮された香港留学は、私の人生の前半期を彩る、忘れがたい鮮烈な思い出である。

二　祠堂に続く道

幹線道路沿いのバス停で降りると、道は小さな橋を渡り、村の奥へと延びていた。舗装もされていないその道は、かつての水田の中のあぜ道に土盛りがなされた程度のものに違いなく、人々の過去の時代の営みの紆余曲折をとどめたまま、まがりくねって南へとつづいていく。やがて曽氏一族の集落への分岐点を過ぎ、張氏一族の家なみの前を通り、南端の李氏一族の集落へといたる。集落の一番手前にあるのが彼ら李氏一族の祠堂だ。オレンジ色の巨大な春聯が、古びた煉瓦壁にひときわ映えている。

私にとっての最初のフィールドワーク、香港新界での一九八三年二月からの二年間にわたる香港滞在の中で、私が住み込み調査地として選んで後半の九ヶ月近くを過ごしたのが、香港新界八郷にあるS村という一村落であった。S村は全部あわせても六〇世帯ほどの、さして大きくない村落で、住民の多くは張、曽、李という三つの姓のいずれかに属していた。かつては村の周囲にある水田や畑を耕すことで生計を立てる農民であったと思われるが、第二次世界大戦後は安価な農産品が外国や中国本土から流入するようになり、私の住み込んだ一九八〇年代までには、村人のほとんどは都市部に勤めに出たり、海外に出稼ぎしたりして暮らすようになっていた。

私は香港中文大学の学生との共同調査の中でこの村の李姓の村長一家と知りあい、空き家となった彼らの旧宅を借り受けて住み込むことになった。村長の李さんは、年齢的にはその当時まだ三〇代と若く、近くの町の小学校の教師をしていたが、対外的な交渉力と教養を買われて村長を任されていた。村長といっても、日本の地方行政団体の長のような行政上の地位をもつものではなく、むしろ町内会の会長のような、住民の代表者としての役職であるので、大概はパートタイムである。李村長の親の代からの旧宅は、祠堂の右隣にあったが、李村長も、彼のオイにあたる兄の息子も、相次いで村内に新居を建てたばかりだったので、旧宅の方は空き家になっていたのである。

村長一家のほかにも、当時の村の中は新築ブームであった。イギリスなど海外への出稼ぎにゆく村人が増えるにつれ、そうして海外で稼いだ資金を用いて村の中に豪邸を建てる村人が相次いでいたからである。こうした出稼ぎ者の建てる新居は、現地では「西班牙式《スペイン》」と呼ばれたりする三階建てバルコニーつきの豪華なものであった。村長の新居は、それらに比べれば見おとりするものの、衛生的で明るい近代的な家屋であった。それに対し、旧宅の方は隣家と壁を共有する長屋風の古い建物で、流しの排水管は詰まり、天井にはヤモリが多く生息していた。

集落はこうした昔ながらの長屋形式の家屋が建ちならぶ区域と、その西隣の空き地に「西班牙式《スペイン》」などの新築の家々がならぶ区域に二分されていた。古い住宅のならんだ区域には、出稼ぎそのほかで資金を得ることができなかった貧しい人々が主に住んでいたが、中には既に廃墟になって崩れかけた家屋も点在していた。この村の住人が海外出稼ぎをはじめたのは決して真新しいことではなく、既に二〇世紀のはじめには村人の中に東南アジア方面への出稼ぎを行うものが現れはじめていたことがわかっている。しかし、すべての出稼ぎ者が海外で成功して故郷に錦を飾れるわけではなく、出稼ぎしたまま音信不通になる者たちも少なくはなかった。

集落内に残る廃墟と化した住宅は、そうして離村していった人々がかつて住んでいた住居であった。そのような廃墟には、地元の人々が「牽牛花《ヒンガウファ》」と呼ぶ朝顔の仲間の雑草が繁茂し、その蔓が壁一面を覆っていた。薄紫色の可憐な花をつける「牽牛花」は、霜もおりず雪も降ることのない香港ではほぼ一年中咲いており、主を失った廃屋の悲哀を静かに訴えるかのように、ときおり風に揺れているのみであった。

私の香港でのフィールドワークは、あらかじめ特定のテーマに絞って実施したものではなかった。文化人類学的なフィールドワークの元祖とされるイギリスのマリノフスキーによれば、フィールドワークは住民の活動や思考の一部分だけに注目して行われるのではなく、できるかぎり住民の生活の全体を観察するものでなければならないとされてきた。文化とは個別の文化要素のよせ集めではなく、互いに精緻に関係しあって文脈化された体系であり、その文脈を理解するためには長期的にその社会の中に身を置いて住民の活動全体を観察するしかない。こうした視点からすれば、あらかじめ特定のテーマを絞ってフィールドワークにおもむくことは危険であった。現地の文脈からはかけ離れた、部外者の先入観のみで現地の物事を捉えることに終始してしまう恐れがあるからだ。

大学、大学院を通じて私の指導教員であった中根千枝先生からは、フィールドに出かけるにあたってこうアドバイスされていた。「瀬川くんねえ、現地にいったらしばらくはボーっとしてなさい、ボーっと」つまり、事前にもっていた関心はいったん御破算にした上で、現地の文脈の中で何がおもしろくみえるか、何が重要な問題と思えるかを虚心坦懐に感じ取り、それをもとに調査の中心テーマを立て直すべきだということであった。だから香港に滞在しはじめてからの最初の一年ほどは、村落や親族組織を調査の中心に据えようと定めていたわけではなかった。むしろ手あたり次第、香港新界の各地に暮らす人々の家庭内行事や村祭り、水上居民のボートの暮らし、都市の高層住宅やバラックの住民の生活など、機会があればいろいろなものを見聞きしようと努めていた。

恩師・中根先生には、大学の学部時代以来、社会人類学の基礎、とりわけ親族関係や家族構造についての基本を一からたたき込んでいただいたが、その中根先生も一昨年秋に故人となられてしまったことは、寂しさの極みである。フィールドワークに関しても、論文や著書の執筆においても、何か研究上でゆき詰まったり挫けそうになったりするたびに、どこからか中根先生のあの明快で力強い声が聞こえてきて、私を叱咤するのを感じてきたように思う。そのことは、師が亡くなられた今もまったく変わりがない。学恩とは、このように一生涯持続し消え去ることのないものなのであろう。

そのようにして香港での最初のフィールドワークの日々を過ごすうち、やがて私の関心は新界の村落住民の親族組織である宗族《そうぞく》をめぐる問題に収斂していった。その淵源は、香港に渡航するより前、修士論文を書いている時期に、もう一人の重要な恩師である大林太良先生から、モーリス・フリードマンの宗族研究に関する著作の翻訳の仕事を紹介されたことにあった。大林先生は、世界中の諸民族・諸文化について広範な知識を有する知の巨人のような先生であったが、特に中国南部に対しては深い関心を抱かれており、私にもことあるごとにこんなおもしろい習俗があるよ、こんな興味深いテーマもあるよと示してくださった。大林先生はその後、東大を退官されて東京女子大学で教鞭を執られていたが、二〇〇一年に七〇歳を過ぎたばかりの年齢で病没されてしまったことは大変惜しまれる。その直前に病床を見舞った私に、大林先生は未着手の研究テーマについてひとしきり語られたのを覚えている。今は、そうした課題の大半には触れぬままになってしまった不肖の弟子である自分を、深く恥じるのみである。

その大林先生の御陰で著書の翻訳に関わることになったフリードマンは、イギリスの著名な人類学者の一人である。当時の人類学の親族研究の主流をなしていたのは、アフリカの父系出自社会の研究であったが、フリードマンはそれらとの比較の視点で、中国の父系出自組織である宗族の研究にとり組もうとした。そして、一九七〇年代から八〇年代にかけて、文化人類学的な中国研究に一大パラダイムを築きあげたのである。ただし彼は、一九六〇年代に香港新界で短期的な調査を行ったのを除けば、主に文献資料によって宗族研究の基礎を築いた。そして一九七〇年代半ばには早世したので、八〇年代香港の現代的文脈の中に生きる宗族や、九〇年代以降中国本土において復活した宗族についての分析を自ら手がけることはなかった。

このモーリス・フリードマンの宗族に関する二冊目の専著『中国の宗族と社会』の翻訳を、東大の大学院の先輩・田村克己氏とともに担当した私は、宗族というものに深い興味を覚えるようになっていた。香港到着後、中根先生の言にしたがっていったんはそうした既存のパラダイムの中で確立された研究テーマを離れ、先入観を排して「取り組むに値する」テーマをみつけようとした私であったが、結局は以前から関心を抱いていた宗族の問題に回帰したわけである。

はたしてこれが、自分の研究テーマとして最もふさわしいものだったのだろうか。これは後に私が研究者をつづける中で繰りかえし反芻した疑問である。香港新界に古くからある村の住民たちも、一九八〇年代の「今」を生きる日常の中では、都市部での就業や海外への出稼ぎ、子育て、老人扶養、あるいは十数年後に迫った香港の中国本土復帰などがふだんの彼らの意識を覆っている主要な関心事項であって、宗族にまつわる伝統習俗や一族の歴史伝承などは、生活の中での第一義的リアリティーを帯びた問題とはいえなかった。その意味では、私は部外者としての興味に基づいて、住民自身にとっては些末なことがらを故意に取りあげ、誇大なテーマを作りあげてしまったのかもしれない。

ただ、宗族は私が私とともに外部からもち込んだまったく恣意的なテーマであるというばかりではなかったであろう。宗族というテーマは、それなりに私が新界の住民の人々に接し、彼らとやりとりする中で浮かび上がってきたテーマであることは確かだからだ。香港新界での調査、あるいはそれにかぎらずおよそフィールドワークに基づく社会調査というものは、その調査対象となる人々との対話を通してはじめて成り立つ性格のものであり、そこではこちら側が調査者として彼らの何かを調査する以前に、調査者が何に興味をもち何を知りたいのかを被調査者の側に理解してもらうことが不可欠である。それなしには、一歩たりとも先には進まないのである。私は、自分が何を知りたいのか、自分が何を知るべきなのかを問うのと平行して、人々が何ならば興味をもたれてしかるべき、問われてしかるべき話題とみなすのかを問うこととなった。そしてそこに見出した答えのひとつが、ほかならぬ宗族であったのである。なぜなら、人々は自分たちの行為や存在そのものが私のようなまったくの部外者によって注目されたり興味の対象とされたりすることがあるとすれば、それはまずもって祖先や自分の一族の「歴史」との関わりによってである、と考える傾向があったからである。

そうした「歴史」は彼らのプライドの一部であり、アイデンティティーの重要な部分ともなっており、それを問う者と問われる者とのあいだには対話が成り立つ余地があると彼ら自身がみなしていた。他方、そうではない日常の雑事や現代的な事象を問うても、彼らの反応は「何でそのようなことを聞くのか？」という冷ややかなものとなるだけであった。それは、新界の農村住民が、都市部の住民からは時代遅れの古くさい人々とみなされていることを自覚しつつも、自分たちこそが清代やそれ以前からこの地に住みつづけ、祖先伝来の伝統を守りつづけてきたのだというセルフイメージ、あるいは自己意識を有していることと結びついていると考えられる。

もちろんだからといって、彼らが日常生活の中で一日中祖先のことを考えたりその祭祀を実践したりして暮らしているということではない。むしろ彼らの生活において、宗族などの古い伝統に関わることがらが想起されるのはごく希な機会に過ぎず、彼らの日常のリアリティーの中では、それは影の薄い存在でしかない。にも関わらず、宗族や祖先の「歴史」は、人々にとってそのプライドとともに、ときおり呼び起こされるべきことがらであると考えられていた。それは、輝かしく長い「歴史」を誇る一族のみにかぎった話ではない。新界住民の中にも、自分たちはさしたる著名な祖先をもたず、語れるほどの明確な歴史ももたないと認識している人々もいた。しかし、そうした人々も、本来ならば隣に暮らす大きな一族のように、語るに足る輝かしい歴史をもちたかった、そうありたかった、と認識しているかぎりにおいて、同じ文化的文脈に生きる人々といえるであろう。

このようにして、私の香港滞在中の研究テーマは、宗族の問題を中心とするようになった。S村李姓の人々の墓参りに参加したり、祠堂での年中行事の祭祀を観察したり、祖先や村の歴史について口頭伝承を収集したりしていった。また、口頭伝承を裏づける文書資料がほとんど残っていないS村の過去を知るための補助資料として、区の役場に通って土地取引の資料を調べたりもした。ただし、フィールドワーク調査と言えば一日中何かを調べることに明け暮れている様子を思い浮かべる人がいるかもしれないが、実際には決してそうではない。村の中で過ごしていても、「調査」じみた聞き取りや観察が行われるのは、何かの行事の機会や、ときおり人々との会話が弾んだときにかぎられ、それ以外の大部分の時間は、何もない、何も起こらない退屈な時間なのである。来る日も来る日も、私が借りた村長の旧宅の前庭では、放し飼いにされたニワトリが歩きまわり、井戸端からは女性たちが洗濯するにおいが流れ、遠くでは村の若者が流行りのポップスをかけるラジカセの音がかすかに聞こえる、そんな長い長い午後を、私は過ごしたのであった。

三　養鶏場と文化住宅

今までの人生で経験した、最も暑い夏はいつであったろうか。それは、一九八四年に香港で過ごした夏と、一九八六年から八八年にかけて大阪で過ごした三回の夏だったように思う。本州で最も寒いといわれる岩手の内陸で生まれた私は、人からはさぞ寒さに強く、暑さには弱かろうと思われがちなのだが、それとはまったく反対に、寒い季節は大の苦手で、真夏の暑さが好きである。岩手も、内陸部は真夏になると摂氏三五度ほどの高温が幾日かつづくが、東京や大阪に比べると真夏の期間はいたって短く、年による違いもあるものの、ほんの数日でそれが終わってしまうことも珍しくない。だから幼いころには、遅い梅雨明けとともにおとずれるうだるような暑さも、一年の中の特別な数日と思えば貴重にさえ感じられたものだった。

この感覚は、その後岩手よりは暖かい場所で暮らすようになってからも身体のどこかに残っていて、夏の高温のピーク時になると、何となく心が高揚するのを感じる。逆に冷夏になると、今年は涼しくて良かったと思うよりは、まるで誕生日を忘れて何のお祝いもせずに過ごしてしまった年のように、何となく物足りなく、寂しく感じるのだ。だが、そんな私にとっても、あの香港の夏や大阪の夏は忘れられなく暑かった。


フィールドワークのための香港留学の二年目、調査の中心的なテーマは決まりかけてはいたものの、まだ住み込む場所は定まらず、とりあえずのあいだ、大学で知りあったア・ションの実家である香港新界八郷の、とある養鶏場で初夏の三ヶ月ほどを過ごしたことがあった。ア・ションは小学校の補助教員などをしながら中文大学の哲学科に学ぶ勤労学生で、デリダに心酔してその著作を熱心に読んでいた。彼の自宅は、私が人類学系の学生と共同調査を行っていた八郷地区内にあったことから、学生仲間の伝手で紹介されたのがはじまりだったが、そのころまでには私の広東語も何とか他人と意志疎通ができるレベルにまで上達していたので、ア・ションとは身につけたばかりの広東語の語彙を総動員しながら、さまざまなことを語りあった。デリダやフーコーなどについてさえ、身振り手振りや筆談も交えながら語りあおうとしたことを覚えている。

ア・ションの自宅は八郷地区の入り口の山裾にあり、母親が経営する養鶏場の中にあった。その養鶏場の拡張にともなって、離れをひと棟増設することになり、空き部屋ができるからということで居候させてもらうことになった。四月の半ばにもなると、香港は既に初夏の気候となり、気温は三〇度近くになる日もあった。ただ、香港そのものは、緯度的に沖縄よりもずっと南に位置している割には夏の暑さが厳しいわけではない。海沿いに突き出した半島や離島からなることもあって、海風が通り抜ける分だけ酷暑にはなりにくいのだ。むしろ中国本土では南京や重慶、武漢など、もっと北の内陸の方が、熱気がこもる分だけ夏は暑く、俗に「中国三大火鍋」と呼ばれる酷暑の地は、これらの三都市のことをいう場合が多い（ちなみに、ここでいう「火鍋」はナベ料理のことではなく、単に暑い場所を指す）。なので、大学の隣村で過ごした一年目の夏は、さして暑いとは思わなかった。

しかし、養鶏場で過ごした二年目の夏は、さすがの私にも酷暑と感じられた。それはやはりニワトリのせいだった。ニワトリという生き物は、雄鶏が早朝にときを告げることから、早起きというイメージがある。しかし、数百羽を密集して飼育している養鶏場では、早起きなどという生やさしいものではなかった。真夜中にときおり寝ぼけて騒ぐやつがいると、ほかの鶏も一斉に騒ぐのである。また、当然ながら風に乗ってやってくる鶏糞の匂いもきつい。したがって、窓を開け放ったままではどうにも眠れないのだ。しかし、締め切った部屋の中は昼間に温まったコンクリート製の天井のせいで熱がこもり、四〇度近くにまでなる。扇風機の風を直に浴びながらなんとか眠りについたとしても、翌朝起きるときには水浴びした後のように汗だくになっているのが常だった。

ア・ションは中国本土の東莞の生まれで、物心つくかつかないかぐらいの年齢で、母親とともに深圳と香港とのあいだの川を越境してやってきた移住者だった。本土はちょうどそのころ、反右派闘争から大躍進が展開されていた時期で、少しばかりの土地をもっていたア・ションの一家は迫害されたのだという。川を渡る際に水が入ったせいで、ア・ションは片耳が聞こえにくかった。

香港にたどり着いた後、ア・ションの母親は八郷の村人の男性と知りあい、養鶏場を開いて生計を立てることになった。その男性は、共同経営者ということにはなっていたが、毎晩のようにア・ションの母親のもとで夕飯をともにするなど、彼女との関係はそれ以上のものであることが推測されたが、居候身分の私はそれ以上詮索めいたことを聞くわけにゆかなかった。ただ、不思議なことに、ア・ションたちが香港に落ち着いてだいぶ経ってから、同様のルートで香港へと越境してきたア・ションの父親も、この養鶏場内に住み込んで働いているのだった。

そのほかにも、ア・ションたちと同郷の老婆が、一家の家政婦的な役割をつとめながら同居していた。この老婆は、若いときに仏教信者となり、生涯未婚と菜食主義の誓いを立てて高齢になるまでそれを貫いてきたのだという。順徳や東莞など珠江デルタ地域では、未婚の誓いを立てて生涯独身で集団生活する女性たちがいたことで知られる。「姑婆《クーポー》」と呼ばれるそうした女性たちの行為は、父系原理と男性優位の社会に抗する社会運動と解される場合もあったが、このア・ション一家に住み込みで働いていた老婆は、もっぱら信仰心からその道を選んだらしい。このように、ア・ション一家はア・ションの母親を中心として、彼女につながる人間たちが同居する、一種不思議な集合体であった。

養鶏場での酷暑の夏は、私が住み込み調査地に決めたS村へと引っ越すことによって半ばにして解消されたのだったが、この夏に勝るとも劣らず酷暑に感じたのは、日本に帰って約一年半後に就職のために移り住んだ大阪の夏であった。香港の調査を終え、大学院の博士課程に復学した私は、幸運なことに一年余りで大阪の吹田市にある国立民族学博物館の研究部助手として採用されることに決まった。「民博」と通称される国立民族学博物館は、一九七〇年開催の大阪万博跡地の公園の一角に建てられた大きな博物館であり、同時に日本の民族学・文化人類学研究の拠点のひとつでもあった。私がアパートを借りて住むことになったのは、この万博記念公園への通勤にとって足場のよい茨木市内であった。

七月一日づけで着任すると、まもなく梅雨が明け、私は大阪の夏を初体験することとなった。私は大学・大学院時代には東京の都心部で一〇年近く暮らしたが、大阪の夏は東京のそれと比較しても格段に暑い、過酷なものであることを発見した。何が違うかといえば、風がないのである。大阪全域がそうであるわけでもあるまいが、少なくとも私の住んだ茨木のアパートの夏はすこぶる過酷であった。アパート自体は当時新築で、設備も新しく快適なものだったのだが、二階建ての二階にある私の部屋の窓の外には、隣接する文化住宅の屋根瓦が延々とつづいていた。その輻射熱で、夜になっても一向に気温は下がらず、窓を開けても微風さえ入ってこないのだった。

「文化住宅」という言葉は、関西圏以外に暮らす者にとっては耳慣れない名称であろうが、関西では長屋状に連なった各居室に外から直接出入りできる形式のアパートをそう呼ぶ。それ以前の、出入り口がひとつしかなく共有の薄暗い中廊下を通って出入りする猥雑な形式の集合住宅に対し、各居室のプライバシーを尊重した「文化的」な住宅であるというのがその名前の由来らしい。今日ではこの文化住宅さえもがごく少数となり、多くはメゾン何とかだのシャトー何とかだのという新しいマンションに置き換わっているのであろうが、当時の大阪にはいたる所にこの種の住宅があった。ちなみに、これを「文化的」とみなすネーミングについては、その後大学で文化人類学の入門者向け講義を担当するようになってから、一般に使われている「文化」という言葉の定義が如何に多様で恣意的であるかを示すための例として、「文化包丁」や「文化系サークル」などとともにしばしば引きあいに出すこととなった。

大阪での生活は、夏がそのように過酷であることと、食堂のメニューに「かやくうどん」や「おつくり定食」など東京以東の人間からすれば耳慣れない名前がならんでいることを除けば、概ね快適なものであった。なにしろ、民博という職場は、研究者としても社会人としても初心者である私にとっては、格好のトレーニングの場であった。私の大阪時代は、三年弱と短いものではあったが、研究会のアレンジの仕方、研究会の後の懇親会場の選定や予約の入れ方、研究者仲間とのしらふ、ならびにしらふでないときのつきあい方、長い会議での暇のつぶし方、来日外国人研究者との接し方や彼らの京都観光のアテンドの仕方等々、その後の研究者生活で役に立つ基本スキルの多くを、私はそこで学んだ気がする。

文化人類学や民族学関係の専門家が六〇人も集まっている民博という職場は、一種独特なものではあったが、今にして思えば多くの良き上司や同僚に恵まれたし、職場の中に居ながらにして多くの同業者と知己のあいだ柄となることができたのは、民博という場の恩恵であった。当時の人脈が、その後の私のキャリアにおいて折につけ役立ったのは確かである。

上司といえば、何といっても私の所属した第一研究部の部長であった竹村卓二先生と、中国研究の直接の上司であった周達生先生から被った恩を忘れることはできない。竹村先生は、駆けだしの研究者として右も左もわからない私が少しでも自分の研究に集中できるようにと、陰に陽にサポートしてくれたし、周先生は、知りあいの少ない関西の地に単身就職した私の心を、いつも明るい冗談で癒してくれるとともに、中国に関する広範な知識を私に伝授してくれた。両先生とも既に他界しておられることは、誠に寂しいかぎりである。竹村先生の世話好きで気さくな人柄と、民博の廊下に響き渡る豪快な笑い声は、今も懐かしく思い出される。また、ユーモアと優しさに溢れた周先生のお声と笑顔も、決して忘れることのない記憶として私の心に刻まれている。両先生とも、御自宅に招いていただいたりして親しくおつきあいさせていただいていたので、奥様方のこともとても懐かしく思い起こされる。

民博では、そのほかにも大学の後輩である私に日常から何かと目をかけてくださった黒田悦子先生や、周先生の企画したカエル釣りや香港ツアーなどで楽しく行動をともにさせていただいた久保正敏先生、大学の同期で一足先に民博に就職していた佐々木史郎君（現・国立アイヌ民族博物館館長）など、お世話になった方々の名前を列挙すればきりがない。

民博といえば、私が在職した当時の館長は著名な民族学者である初代の梅棹忠夫先生であった。梅棹先生は、私が着任する直前に病気で視力を失われ、口述筆記によって著述活動や公務をこなされていた。したがって、私より後に民博に赴任した研究者たちは、梅棹先生に直接その顔を認識してもらう機会を逸したものと推察されるが、私は着任に先立つ半年ほど前に民博に挨拶に訪れ、まだ目が不自由になられる前の梅棹先生にお目にかかっていた。だから、ほかの新任スタッフたちとは異なり、頼りなく痩せて貧相な青年であった当時の私の姿を、梅棹先生はしっかりと御記憶だったに違いないと思っている。独自の文明論を築き上げた民族学の泰斗にふさわしいオーラを常に放っておられる先生であったが、私のような前途不明の若者を民博に拾っていただいたことには、幾重にも感謝している。

このように、私にとっての最初の職場である民博は、私のその後の研究者人生の糧となる様々なものを私に与えてくれた。そしてまた、大阪時代の最後には、私は妻の靖子《せいこ》と結婚し、三ヶ月間ほど高槻市にある公務員住宅に住んでいた。高槻市街の町なみや日吉台にあった高台の公務員住宅の情景は、新婚の最初の日々を妻とともに暮らした思い出の場所として、今でも鮮烈に脳裏に焼きついている。同郷・岩手の盛岡の出身である妻にとっても、関西に住むことははじめての経験であり、滞在は三ヶ月という短いあいだではあったが、それなりに印象深い日々であったに違いない。今でもよく、当時のことを懐かしく語りあうことがある。高槻で新婚生活を開始したころには、仙台への転居が既に決まっていたから、大阪に住んでいるうちに出かけられるところはできるだけまわっておこうということで、われわれはほぼ週末ごとに京都、奈良、和歌山、倉敷、高松と、観光地を巡っていた。大阪で過ごした三年間は、私にとりその研究者としての初期トレーニングの場として重要であったのはもちろんだが、それまで日本といっても東北と東京しか知らなかった自分にとって、その奥ゆきの深さについて知るよい機会となり、また社会人として家庭人としての第一歩を踏みだした、思い出深い時代であった。

四　謎の祖先

　喜太郎という人物が謎なのだと、幼少のころより私は父から繰りかえし聞かされていた。瀬川家の祖先の話である。私の父は、その青春時代には医者を志して北大の予科に学んだ経験をもつが、肺結核を患って長期の療養生活を強いられ、ようやく病気が癒えた三〇代後半になって母と結婚し、私をもうけた。病気によって人生のキャリアを踏み出し損ねたせいもあって、自宅で貸家の管理などをする以外には、生涯定職に就くことはなかった。かつて医者を目指したことから、知識の基本は理科系が中心の人ではあったが、結核療養生活中に身につけた読書癖や、俳句創作の趣味から、人文系のことがらに対しても興味は旺盛であった。そんな父は、一時期自分の家系である瀬川家の歴史の探索に傾倒し、様々な手をつくしてそれを調べていたことがある。そしてついには、親族中のほかの長老たちと組んで、ワープロ印刷による「瀬川家家系図」なるものを残した。

　とはいえ、やんごとなき貴族や由緒正しい武家の家系でもない瀬川家には、もともとこれといった文書資料は存在しておらず、そこで父がもっぱら頼りとしたのは、菩提寺にある先祖の墓石に刻まれた文字と、寺に保存された江戸時代の過去帳などであった。父がそれらの資料をもとに復元したところによれば、菩提寺の広隆寺に眠る瀬川家の初代祖先は、戦国末期から近世初期にかけて生きていた瀬河大學という人物である（ちなみに、広隆寺は弥勒菩薩で有名な京都太秦の同名の寺とは関係ない、花巻市四日町にある浄土宗の寺院である）。

それ以前の瀬川家は、今日の花巻をふくむ稗貫《ひえぬき》郡の中世領主であった稗貫氏の一門として郡内に領地を構えていたが、豊臣秀吉の奥州仕置きで宗家の稗貫氏が滅ぶと、それと命運をともにしたという。広隆寺に残された文書『広隆寺旧記』によれば、宗家の滅亡後、花巻地域の新領主となった南部氏に抵抗を試み、岩手県南部に勢力を伸ばしていた伊達氏の庇護を求めたという。当時、岩手県南地域では伊達に滅ぼされた旧勢力の葛西氏の残党が、伊達に対抗すべく北の南部氏に庇護を求めていた。瀬川の祖先は、南部氏に対抗して旧領地を奪還しようと、南部氏側についていた葛西の残党と戦ったとの記録がある。いわば、南部と伊達の代理戦争を、それぞれに領地を奪われた旧領主勢力の残党が戦っていたわけである。そしてその戦いに敗れて討ち死にした瀬川の当主の遺骸をたずさえ、その遺族たちが広隆寺に弔いを依頼したのが、檀家となるきっかけだったとされている。

その後、瀬川家の祖先は広隆寺の檀家として花巻の四日町に居を構え、造り酒屋として暮らしてきたらしい（同じく『広隆寺旧記』による）。初代の「大學」はいささか町人風ではない名前なので、おそらくは武士として代理戦争を戦って討ち死にした中世瀬川家の当主の遺児であったかもしれない。この瀬河大學の墓石は、今も広隆寺の境内の一角に現存しており、父からは盆の墓参のたびにその位置を繰りかえし教えられたものである。瀬河大學の後は、代々穀右衛門を襲名して近世期の終わりまで家系はつづいた。このことを父は広隆寺の過去帳を用いて調べ、逐一それを手書きの系譜におこしている。寺の過去帳といえば、たとえ檀家であろうとも気軽に閲覧できるものではなかったと思われるのだが、この寺の先々代の住職は、父とは胸の病を患った際の療養仲間であり、そうしたよしみで閲覧の機会を得たものと推測される。

ところが、そのように近世瀬川家の系譜を復元しようと努めていた父を、ひとしきり悩ませる存在があった。それが喜太郎である。過去帳には漢字でそう記されているのみで読み仮名がわからないので、あるいは「ヨシタロウ」と読むのかもしれないが、父はそれを「キタロウ」と呼びならわしていた。謎の存在とされる「キタロウ」の名は、子供の私にとってはゲゲゲの鬼太郎のイメージとも重複し、いやがうえにも強烈な印象を残さずにはおかなかった。喜太郎が謎めいているのは、前後のつながりからこの人物が歴代の瀬川家当主の一人であると推測されるものの、過去帳に「喜太郎の父」「喜太郎の母」と記された死者が登場する点である。ほかの当主の父母の場合、「先代瀬川穀右衛門」または「瀬川穀右衛門母」などと表記されているものがほとんどであるのに対し、喜太郎の父母についてだけそのように表記が異なっているのである。喜太郎が穀右衛門襲名以前の幼名であるとすれば、彼らはわざわざ襲名前の当主の父母として過去帳に記載されたことになる。

父は、この謎を一応以下のような仮説を立てて説明しようとしていた。すなわち、喜太郎は先代の穀右衛門の実子ではなく、親類の子か奉公人であり、実子のない先代の養子となったのではないか、そしてその実の父母の死去に際し、瀬川家の直系祖先ではない彼らの名前を、過去帳にそのようにとどめたのではないか、というものである。おりしも、この喜太郎の登場する時代は天明の飢饉の前後の時代であり、寺の過去帳も一部が欠損するなど混乱がみられた時期にあたる。

私も、父の疑問を引き継いでこの「キタロウ」およびその父母の素性についてはあれこれと推理を巡らしてきたが、父の考えたように喜太郎が養子である可能性も否定できない一方で、実子であるが襲名前に先々代、先代が矢継ぎ早に亡くなるなど、飢饉前後の混乱のせいで異例の記載となった可能性も捨てきれないのではないかと思っている。いずれにしても、このように幼少期から父に先祖の系譜についての謎解きの魅力を仕込まれたことが、その後私が大学で文化人類学を専攻し、香港でのフィールドワークでも親族や祖先の系譜意識などを中心的なテーマとして選んだことの伏線であったかと、今では自分なりにそう考えている。その父も、寺の過去帳を調べる側から、過去帳にその名が記される側の人となって既に一五年以上が経とうとしている。

香港でフィールドワーク、そしてその後は中国本土でもフィールドワークをしながら、文化人類学の研究をつづけてきた私であるが、その中で中心テーマの一つとして取り組んできたのが、中国人の親族組織である宗族《そうぞく》である。日本でいえば、同族や一門、あるいは花巻周辺の方言では「マキ」と呼ばれる親族組織にあたるが、中国のそれは日本の親族組織と比べて父系出自の考え方がはるかに徹底していて、娘の系統を介さずに父—息子、父—息子の連続のみで系譜をたどってゆく決まりとなっている。祖先祭祀の仕方、系図の書き方、親や祖先に対する「孝」の観念など、日本の家族・親族の古い規範の多くは中国から取り入れられたものなのだが、親族組織や「イエ」の基本観念は、日本と中国ではかなり異質である。近世期の武家の家督・名跡の継ぎ方も、明治政府が民法の制定を通じて国民全体に制度化し強化した「家族」の観念も、中国のように純粋な父系出自にはよっておらず、娘の夫に家系を継がせるいわゆる「婿養子」や、はなはだしくは商家の番頭などのような血縁関係にない者が家系継承者としての地位を得る慣習も、かなり広く行われてきた。

私が香港新界の村落や中国南部農村の調査の中で、宗族に興味を惹かれたのも、そうした日本社会との違いがおもしろく感じられたからであるし、さらにいえば、自分が幼少期から直接間接に触れてきた日本の親族関係とは異なる、純粋で貫徹した原理のようなものを、そこに感じ取ったからかもしれない。もちろん、インドの単系出自社会の研究者として知られ、『タテ社会の人間関係』など日本社会との比較研究で有名であった恩師・中根千枝先生の影響でもある。

日本では、有能で健康な男の実子がいるかぎりはその者が家系継承の代表者となるのが自然と考えられる傾向があったから、その点では父系の観念は日本社会にもある程度定着していたと考えられるが、日本ではそれに加えて経営体としての「イエ」や屋敷・田畑を誰か一人が代表して継承する「家督」の考え方や、息子側、娘側を問わずつづいてゆく「血筋」の観念など、純粋な父系出自の原理とは相容れない考え方が並存してきた。われわれはそれを雑多な原則の混在だの、親族規範が不徹底であるだのと感じることはなく、それはそれなりに一貫した親族制度であったと考えることができよう。ただ、ひとたび中国社会のそれを目にすると、われわれの祖先祭祀や系譜の継承についての観念や形式の一部はもともと中国から伝わったものの流用であるだけに、なるほどこれが本家本もとの原型なのかと妙に納得させられる部分がある。中国式の父系出自の原則でゆけば、祖先から子孫にいたる系譜関係はすべて男系でつながった見事に一貫した体系となる。

この原則は、中国国内の少数民族や、前近代の朝鮮半島やベトナムなど、中国の近隣の社会にも広く受容されてきた。その点で、規範や儀礼の一部は取り入れながらも、親族関係や祖先観などに中国のそれとはかなり異質な伝統を維持してきたところに日本の特色があり、日本社会が東アジア諸社会の中ではやや異端的である点ともいえる。

そのような中国の父系出自原理を最も端的に体現したものが、「族譜」と呼ばれる中国式の系譜文書だ。日本では系譜を記した記録は「家系図」などと呼ばれる場合が多いが、族譜は単なる図表だけにはとどまらず、家系の由来から個々の祖先の生年月日、妻の姓、子の名、業績や墓の位置まで事細かに記した詳細な文書であることも多い。私は香港での最初のフィールドワークのかたわら、実際に住民が保有する族譜をみせてもらったり、中文大学そのほかの図書館に収蔵されている新界各地の宗族の族譜を閲覧したりしていた。フィールドでの調査にゆき詰まり、図書館にこもってそうした資料を日がな一日眺めていたりしたこともある。それは一見したところでは死者の個人情報が延々と書き連ねられた無味乾燥な文書にもみえるが、丹念に目を走らせてゆくと、それなりに人々の生きた痕跡が追えておもしろい場合もある。

ただ、あくまでフィールドワークが基本だと教え込まれた文化人類学の研究者としては、族譜の研究にのめり込むことにはためらいがあった。だから、香港にいるときも、その後大学に勤める研究者となってからも、族譜に読みふけっているあいだは、何となくこれは本来自分のメインとすべき研究ではない、もっと別に取り組むべき課題があるはずだ、という後ろめたさがつきまとっていた。調査地でインフォーマントから集めた聞き書きを分析し直す際に、せいぜい裏づけとして用いる補助資料に過ぎないものとの思いが払拭しきれなかった。

だが、中国研究とは別に、自分の家の祖先の系譜探索や系図の作成を父から引き継いで行うようになってみると、系譜を編む人々の心情や、そこに記録されている人々の人生の痕跡などに深い興味を覚えるようになった。そこから、あらためて香港や中国の族譜を中心的な分析対象とする研究を行ってみたいと思い立つようになった。それは、若い時分とは違って、年齢がかさむとともにフィールド調査に出かけるのが体力的にきつくなったこととも たぶん関係している。

五、六年ほど前、母校・東京大学の東洋文化研究所の図書室に、香港中文大学が香港新界の宗族から収集した族譜のコピー一式が収蔵されているのを知った。「沙田文献」と銘打たれたそのコレクションは、まさに私が若き日の香港滞在中に、香港中文大学の図書館で見かけたあの懐かしい族譜類であった。私は上京するたびにこの図書室に通って、族譜を丹念に読んでみることにした。中でも目に止まったのは、W氏一族の族譜で、それは一千名にもおよぶ祖先についての情報を網羅的に記した優れた資料であった。それをノートパソコン片手にデータ入力しながら読み進み、エクセルの表などに整理して分析してゆくうち、それは明代から清代にかけての一宗族の人口動態や、系譜継承に関する観念を如実に示す、かなり有益な研究になり得ると確信するようになった。その分析の結果を一冊にまとめたのが、『連続性への希求―族譜を通じてみた「家族」の歴史人類学』（風響社、二〇二一年刊）である。

研究者生活をはじめたばかりのころは、自分のフィールドとする中国についての研究と、自分が幼少期から抱いてきた瀬川家の家系についての興味というものが、これほど直截に結びつくとは思いもよらなかったが、今になって思えば、私が関わった二つの系譜、すなわち自家の系譜と香港新界W氏一族の系譜は、私の中で明らかに対をなし、子供のころに培われた興味の連続性の上に位置づくものとして存在しているのを感じる。そこからは、人生は一見予期せぬ偶然の寄せ集めでできているように思われながら、実は逃れられない連続性の糸の上にあるものでもあるということを思い知らされるように思う。

五　北上川

子供のころは、それはとてつもなく大きな川だと思っていた。私の生まれ育った花巻は、岩手県の内陸部に位置し、最寄りの海までの距離は一〇〇キロメートル近くもある。小学生のころには、夏休みに気仙沼近くの本吉に住んでいた叔父の一家を訪ね、赤崎海岸という浜で潮干狩りをすることはあったものの、海に接する機会は日常的には皆無だった。関東や東京をはじめて訪れたのは中学三年生の修学旅行時であり、大阪や名古屋にいたっては大人になるまでいったことはなかった。だから、子供のころの私は、岩手の内陸部を南北に貫流する北上川こそが自分の知る最大の川であり、それ以上大きな川というものを想像することはできなかった。

花巻の駅近くにある実家から、歩いて一五分ほど東にゆくと、北上川の川辺に出る。そこは、かの宮沢賢治が、詩の中で「イギリス海岸」と名づけた場所であった。何でも、川岸に露出した地層が、地質学的にイギリスのドーバー海峡のそれに似ていることから、地質に詳しい賢治がそのように命名したものらしい。ただ、彼の没後、付近は支流の河川改修で浸食されたり、また上流のダム建設が進んで渇水期にも水位が下がらなくなったりしたことで、滅多にその地層を目にすることはできなくなった。ガイドブックに載っているばかりに、花巻の市街地からわざわざ徒歩でそこを訪れる観光客にしてみれば、ふだんは荒川や多摩川の河川敷と何ら変わりのないその川辺を見て、詐欺にあった気分にならないものかと案じたりもする。それでも、観光客にとっては、絶景や希少な景観などの観光対象には「運が良ければ見られますよ」という付加価値がついている方が、かえって魅力的に映るものらしく、これまであまりひどい悪評を聞いたことがないのは幸いである。

さて、この「イギリス海岸」は、私の幼少期のころのわが家にとっては主要な散策スポットのひとつとなっており、頻繁に父、それにたまには母や祖母に連れられては、そこを訪れていた。また、中学・高校と絵を描くことに没頭していた私は、しばしば一人でそのあたりの川縁を散策してはペン画や水彩画のスケッチをしていた。川そのものというよりも、土手から振りかえった花巻の市街地の風景を、私は好んで描いていた。

その後、大学時代は東京で過ごし、さらに最初のフィールドワークでは香港に、そしてその後は中国南部を中心に海外での調査を実施するようになった。世界最大級の川といってよい黄河や長江（揚子江）は、飛行機でその上空を越えたことがあるのみで、その岸辺に立ったことはないが、広東省を流れる中国第三の河川・西江は、その沿岸のいくつかの都市を調査で訪ね、何度もフェリーで横断した。河口に近い珠江デルタ地域では、その川幅は巨大になり、とても対岸が見わたせる距離ではなくなる。川というよりは広い湖を航行している感じである。しかもそれは幾枝にも分流し、そんな幅の川が何本も平行して流れているのだ。中国のような大陸国家は、分水嶺から海岸線までの距離が短い日本とは違って、河川は遠い内陸部から流れ出てくる長大なものが多い。だから、日本ではあまり名が知られていない中小クラスの河川でも、日本の河川に比べれば桁違いの流域面積と川幅を誇るものがたくさんある。
そうした大きな河川を目にした後、久しぶりに郷里に帰ると、子供のころあれほど巨大な川に思えた北上川が、あまりに小さいことに愕然とさせられるのだった。これは私のように故郷を離れて人生を送る人間には多かれ少なかれ共有されている経験かもしれない。とりわけ、中上流部の川だけを見慣れて育った内陸部出身の人間はそうであろう。しかし、故郷の川、そしておそらく山は、故郷を離れた者にとって故郷を象徴する特別な存在である。宮沢賢治は一時上京して生活していた時代を除けば、生涯のほとんどを生まれ故郷の岩手で過ごしたので、離郷者の心情で川や山を詠うことはなかったが、同じ岩手出身の詩人である石川啄木は、異境の地からふるさとの山・岩手山や柳青める北上川を詠った。私にとっても、「イギリス海岸」の風景やその対岸にそびえる早池峰山は、幼少のころから目に焼きついた原風景であり、よその地に住むようになったり、遠く外国に調査におもむいたりするあいだにも、心のどこかにしっかりと刻み込まれていて、決して忘れることのない存在である。

研究の一環として、中国の民間習俗や俗信などに興味をおよぼす過程で、いわゆる「風水」の慣行にも触れる機会が多くあった。「風水」は今日では日本でも運勢を好転させるためのおまじないのようなものとして、広く知られるようにはなっている。ただし日本では、古くから風水の知識を中国から受容してきた沖縄を除けば、一九八〇年代にいたるまで風水信仰は一般庶民には普及していなかった。他方、本場の中国では、風水といえば装身具やインテリアのラッキーカラーを指定するなどといった軽いおまじないの類ではなく、家屋やお墓、さらには村や都市の立地までをそれによって決める、場所選定のための大がかりな知識体系であった。とりわけ、墓地の風水は埋葬された者の子孫の運勢を左右すると信じられ、墓の場所や形状は風水の専門家に委託して周到に選ばれる場合が多かった。また、それぞれの村や町、そして府県レベルの小都市や、国家の首都にいたるまで、周囲の山川の形状がそのゆく末の運勢を左右すると信じられており、建設に先だってその場所の風水が吟味されるのが通例であった。今日でも、ダム建設その他で都市が移転する場合には、その移転先の風水の良し悪しがひとしきり話題にされることがあるという。

風水の手引き書などには、理想的な風水をもつ場所の概念図が付されていることが多い。それはおおむね、北側の背後に高い山や丘をもち、左右を緩やかな丘陵の連なりに護られ、川などの水脈がゆっくりと前面へと流れている、そのような場所である。古代日本でも、今日の「風水」のもとになる知識体系が陰陽道の一部として伝わっており、飛鳥や平城京など古代の都城の建設の際に場所の選定の根拠として用いられたとされる。確かに、藤原京などのあった飛鳥は、東西に山脈の連なる盆地空間で、上述の理想的風水の地の概念図によく合致しそうな場所である。

そのような目でもって見てみると、北上川流域の北上盆地は、風水上の理想の景観を備えた場所であるように思えてくる。岩手山の山塊を背に南を見れば、右に奥羽山脈、左に北上山地の山々が連なり、それらに護られるように、北上川の緩く蛇行して流れる盆地空間が広がっている。そういえばいにしえの奥州藤原氏は、この盆地のほぼ全域に相当する奥六郡を浄土思想に基づく理想郷にしようとしたとされるし、近くは宮沢賢治が「イーハトーブ」と呼んで理想の空間を仮想しようとしたのもこの範囲であった……。などと妄想を巡らせてみればそれはかぎりなく膨らんでゆく。それはこの地を故郷とする者の勝手な思い込みに過ぎないのだろうが、少なくとも私にとってこの北上川の流れる盆地空間は、原風景であり自分の魂が回帰する小宇宙のような場所だと認識している。

そうした感覚は、香港や中国南部の私のフィールドの人々にとっても同じであったことだろう。私の最初の調査地・香港新界のS村は、二〇世紀のはじめから「南洋」へ出稼ぎ者を送り出しており、その一部はなにがしかの財を貯めて故郷に錦を飾ったが、戻ることなく音信不通になった人々も少なくなかった。中国本土での私の調査地であった広東省の東莞や順徳、海豊などの諸県、それに海南島などは、やはり近代初期以来、多くの海外移民を送り出しつづけてきた場所である。そうした人々が故郷の山河に対してもっていた感覚は、私の北上盆地に対する感覚と同種のものであったに違いない。

こうした華南からの一般の移民たちが、どこまで風水についての詳しい知識を身につけていたかはわからないが、遠望する周囲の山々を自分を庇護してくれる外郭に見立て、その中を流れる川を自分の命の源のように感じる感覚は、多くの人に共有されていたのではなかろうか。とりわけ故郷を離れてしまった後は、そうした心の中の原風景に対する思いは強化され、いつかは帰るべき聖地として、一生涯保たれつづけたであろう。

私はこれまでの調査研究活動を通じ、そうした広義の華僑母村の人々およびそこから離れて暮らす移住者の人々と接する機会を多くもった。とりたてて優れた技能や資金ももたず、遠い異境の地に一攫千金を夢見て出かけていったそうした華南からの海外出稼ぎ者たちのバイタリティーや挑戦心には目を見張らされるものがあるが、そうした人々が一方では故郷に対する強い愛着と望郷の念を有していることが多いことも知っている。

そして、彼らに比べればはるかにささやかで危険を伴わない挑戦であったかもしれないが、大学進学とともに故郷を離れ、フィールドワークやその後の研究者としての就職とともによその地に暮らすこととなった私には、そうした離郷者の心情がよく理解できる気がする。故郷に対する愛着は、故郷の山河などの景観そのものに対する愛着なのか、それとも故郷に残した家族・親族や友人などへの想いなのかは、人によっても微妙に異なるのではあろう。若くして故郷を離れた者にとっては、おそらく故郷に残した父母・祖父母などの肉親や幼なじみの友らへの想いが強いはずである。彼らがたまさかの帰郷を果たすときがあれば、そうした知己の人々との再会が、何よりの目的となり喜びとなったであろう。

だが、ときが経って自分自身が老いるころには、故郷の家族や友人たちも老いてゆき、しまいには物故者となって、知己のあいだ柄の者たちはいなくなってゆく。望郷を歌う日本の唱歌の「ふるさと」では、志をはたしていつの日にか帰らんと希求するその故郷には、如何にいますと案じられる父母や、つつがなしやと気遣うべき友垣がいるが、時間の経過とともにそうした人々はいなくなる。そうなったときに、人々の帰巣本能の拠り所となるのは、子供のときに見たふるさとの山河の原風景に違いない。

香港新界のS村の、牽牛花《あさがお》の廃屋の主たちも、たとえ世代を隔てた後の時代の村に帰郷をはたしたとしても、既に顔を見知った族親や友人の姿はそこにないであろう。彼らがいまだ健在で、人生の終末にさしかかりながら故郷の村を遠く思い起こすことがあるとすれば、それは村を取り囲む山々の形状や、村の西隣を流れる小川のせせらぎなのであろう。

私にとっての故郷の地・岩手を貫流し、それを象徴する存在である北上川は、中国大陸の大河を多々見てしまった今の私の目には、もはや子供のころのように世界一巨大な川とは映らなくなった。先日も、現在は空き家になっている実家の様子を見に妻と一緒に花巻に帰ってきたが、新幹線の新花巻駅から花巻の市街地への道すがら渡る北上川は、実にちっぽけな川に見えた。それだけ私は、この半生のあいだ、子供のころの小さな世界を飛び出して、広い知識や経験を追い求めてきたということになるだろう。しかし、若くて体力の充分なうちは、思惟も感性も遠く広いところを求めてさすらってゆくことができるとしても、年齢とともにいつかは遠いところへの思いを捨てて、自らの原風景といえる場所へ回帰してゆくものなのかもしれない。北上川は確かに小さくささやかな川に過ぎないと感じられるようになってしまったが、それでもなお、それは私の故郷を象徴し、心の拠り所として存在しつづける、母なる川なのであった。

松の根と赤飯

一　香菜

最初のうちはさして気にも留めていなかったが、粥や雲呑《ワンタン》麺や、それにたまに食べる蒸し魚のトッピングとして、ときおり口にすることのあるその葉野菜を、私は次第に気に入りはじめていた。日本にいるうちには、おそらく一度か二度、当時はまだ珍しかった「ベトナム料理店」なるものでそれを口にしたことはあったかと思う。したがってそれが東南アジア風のエスニック料理で使われるハーブの一種であるらしいことは一応知っていた。

セロリやネギ、それに紫蘇など、香りの強い野菜を日本語では「香り野菜」と呼んだりするが、私が留学先の香港で病みつきになったのは、中国語でまさに「香菜」と書く、シアンツァイのことである。あるいは、二〇〇〇年代に入ったころから日本でもエスニック野菜の定番として人気が高まり、今ではスーパーでも普通に売られていることが多くなった「パクチー」と呼んだ方が、一般の人々にはわかりいいかもしれない。もっとも、香港をふくむ広東語圏では、これは香菜《シアンツァイ》ともパクチーとも呼ばず、「芫茜《ユンサイ》」という別名で呼んでいる。料理に入っていても、ごく少量の薬味程度に混じっている場合が多かったし、そもそも広東語で人にその名称を尋ねることもままならなかったはじめのうちは、それが何であるか私には同定できなかった。

香港での生活にも次第に慣れ、いろいろな食べ物を口にする機会が増え、また現地の友人・知人に直接ものごとを尋ねるだけの会話力がついてくるにしたがい、私はそれが芫茜と呼ばれる野菜であり、北京話《パッキンワー》では香菜《ヘオンチョーイ》と呼ばれるものであることを知ることとなった。同時に、それをたいへん美味いと感じるようになった。特に、冬に食べることの多い現地のナベ料理「打辺炉《ダーピンロウ》」には、欠かせない薬味である。ナベに野菜を多量に入れ、肉や海老やスライスした魚肉などをしゃぶしゃぶのようにさっと加熱し、煮えすぎないうちに小さな金網状の道具ですくってつけ汁で食べる。つけ汁は各家庭で好みにより多様な作り方があるだろうが、私が友人の父親から伝授されたそれは、酢としょうゆをあわせたタレにニンニク、芫茜、生の唐辛子を刻んで加えるシンプルなものである。唐辛子の辛みとともに、ニンニクと芫茜の混合した強烈な香りが、著しく食欲を誘う。

香港滞在の後半、S村に家を借りて住み込んでいた時期には、基本的に毎日自炊して生活していたので、三日に一度はバスで二〇分程度の距離にある元朗という町の市場へと買い物に出かけていた。市場はちょっとした体育館ほどの大きな建物で、内部には野菜を売る店、肉を売る店、魚を売る店、乾物を売る店などがところ狭しとならんでいる。内部は薄暗くて湿気がこもっており、あまり衛生的な感じのする場所ではないのだが、ふだんはとりたててすることもなく、退屈な時間を村の中で過ごすことの多い日常にあっては、ときおりこうしたマーケットに出かけて必要食材を物色するのが格好の息抜きであった。

マーケットの青物屋には、もちろん芫茜や唐辛子も置いてある。芫茜は小さい束になって売っているのだが、店先の板の上にならべられた芫茜は午後にもなると萎《しお》れやすく、束ごとしなびかけているようなものは適当に値切って買うこともあった。こうした買い物の際の駆け引きも結構楽しみだった。唐辛子は日本の鷹の爪のような乾燥品ではなく、おもに生で用いる小粒のものであったので、おそらくタイ料理に使われるプリッキーヌなどの近縁種だったと思われる。

薬味ばかりではなく、炒め物などにして食べる野菜にも、美味なものがたくさんあった。特に代表的なものは、日本の菜の花に似て、薹《とう》が立って黄色い花をつける直前の蕾と茎を丸ごと食べる菜《チョーイ》心《サム》、同じく薹の立ちかけたものを食べるブロッコリーの茎のような食味の芥藍《カーイラーン》、そしてそれらが品薄になる夏場に葉野菜の主力となる通菜《トーンチョーイ》（別名「空心菜」）だ。これらは、肉などと一緒に炒めても美味しいし、単品で炒めても美味である。上手く炒めるコツは、高温の油で短くさっと炒めた後、少量の水を加えて少し蒸らすことだ。このほかにも、夏場を中心に出まわる涼瓜《レオンクワ》（北京語では苦瓜、最近の日本ではウチナーグチでゴーヤーと呼ばれることが多い）、糸瓜《シークワ》（ヘチマの若い実）などの瓜類、チンゲンサイの仲間の白菜《パクチョーイ》、それに冬場の煮込みナベやスープに欠かせない大根類（蘿蔔《ローバッ》）なども美味である。

こうした経験から、すっかり中国野菜の虜となった私は、香港留学を終えて日本に帰る際には、元朗の種屋で芫茜、菜心、芥藍などの種子を買い求め、ポケットに忍ばせてもち帰ったりもした。もち帰った種は、花巻の実家の裏庭にある菜園で栽培してみたが、害虫がついてなかなか上手く育たなかったりする中、芫茜だけは比較的よく成育した。タイ料理のイメージがあるので、南方系で寒さに弱いかと思いきや、思いのほか耐寒性があり、雪や霜にあたっても枯れない。

その後も、中国本土でのフィールドワークのたびに、地元の種屋で大根や芫茜の種子を買い求めることが趣味となった。もち帰った種は、大阪に住んでいたころは市民農園を借り、仙台に移ってからは自宅の庭で栽培を試みた。多くは現地で食した大きさや味にまで育てることができず、挫折に終わったが、やはり芫茜だけは何とか上手く育って、いつしかわが家の食卓には通年切らさぬ状態になった。そのうち、私が香菜の栽培を趣味としていることを聞きつけた私の学生の中には、海外への旅行や調査、それに留学生の場合には実家への帰省からの帰り、お土産として香菜の種をくれる者が現れるようになった。だが、最近は国内でも香菜の種子は通販で簡単に入手できるし、自家採種でも容易に発芽させることができるので、こうしたお土産は辞退することにしている。ともあれ、今年も自宅の庭のプランターでは芫茜が成育しており、ときおり食べる中華粥や汁ビーフンの薬味として欠かすことがない。

私がフィールドとしてきた香港や中国南部は、概して野菜類が豊富な地域であり、調査の傍ら現地の野菜を食べることは楽しみであった。同じ南中国でも、野菜の種類は場所によって微妙に違い、前述の菜心や通菜といった定番の野菜に加え、それぞれ地域ごとに独特な野菜も様々見うけられる。たとえば広東省の東端部の潮州地域では、日本の高菜の仲間の葉野菜（芥菜《チェッアイ》）がたくさん植えられていて、それを塩と香料で漬け込んだ漬けものが有名である。それは単に漬けものとして食べるだけではなく、炒めものに加えたりスープにしたりと、多様な仕方で食材にされている。長漬けの高菜のように、塩気と酸味の効いた独特の風味は、それにはまると病みつきになる。また、同じ広東の東部の内陸では、サツマイモの葉が食用に栽培されていたりもする。前述の通菜もサツマイモとは同科だが、それとは明らかに異なり、半湿地ではなく乾性の畑に植えられている葉野菜である。さらに、海南島では日本のセリにそっくりの風味の野菜を食べた。地元では「芹菜《チンツァイ》」と呼んでいたが、中国で一般に「芹菜」と呼ばれるのはセロリまたはスープセロリのことで、日本のセリとは明らかに違う。しかし、海南島で食べた「芹菜」はまさに日本のセリの味であった。

私はもともと大の野菜好きであり、ふだんの食事でも、葉野菜のサラダか青物のお浸しか、あるいは漬けものの類が一品はないと食が進まないくらいである。なので野菜の豊富な中国南部はその意味では私向きの調査地といえるかもしれなかった。しかし、動物性の食材となると、いささか事情が異なる。というのも、広東はいわゆる「ゲテモノ食い」で有名な地域なのだ。広東人は、「四条腿的除了桌子、天上飛的除了飛機（四つ足のものなら机以外、空飛ぶものなら飛行機以外）」は何でも喰うといういいまわしがあるほど、中国国内でも広東の食材は「多様」であることで知られている。

「野味《イエメイ》」と呼ばれる特殊食材専門の料理店では、ハクビシンやらタヌキやらネコ、サル、モモンガ、各種ヘビ、ヤモリ、サソリ、カブトガニなど、動物園か水族館なみのレパートリーの動物たちが食用に供されている。中にはセンザンコウなどの希少動物もふくまれる。もっとも、このような「野味」を食するのは広東だけにかぎられず、ほかの地域にも同じような食習慣は存在するらしいが、中国も広東のように南にゆけばゆくほど動物相が豊富になって多様な食材が入手しやすくなることと、歴史的に南の辺境で未開の地のイメージがつきまとってきた広東は、ほかの地域の人々からはことさらに不思議なものを食べるというイメージでみられているのである。

二〇〇〇年代はじめのSARSの流行の際には、一時ハクビシンがそのウイルスの宿主だとされたことがある。また近年の新型コロナウイルス流行では、コウモリやセンザンコウが元凶との疑いが報じられたこともあり、「野味」は一斉に規制の対象になったと聞く。しかし、SARS流行の後一時的に姿を消した後も、そのうちあちこちで復活して普通に商売がなされるようになったところをみると、今回の新型コロナを機に完全に姿を消すとは考えられない。

日本では、こうした中国の「野味」の食習慣について、食材に不足した貧しさゆえの習慣だとか、あるいは単に無知・無教養に基づく悪趣味な習慣だという誤った見方が横行しているが、実際には健康を促進したり精力をつけたりするためのサプリメント的な感覚で食される嗜好食品である。決して一般の肉・魚などの食材に比べて安価ではないし、日常的に毎日食べたりするものではない。「医食同源」と表現されるように、食物を通じて病気の治療や健康維持を図ろうとする発想が普及している中国では、このごろ疲労気味だから「野味」を食べて元気をつけようとか、健康増進によいからと友人や商売上のパートナーを誘って食べにいったりするものであり、高級食材の部類に属するのである。日本でいえば、スッポン料理や、土用の丑の日に食べる鰻に近い感覚だ。

ただ、そうした「野味」として食べる多様な動物の肉類が、美味いのかといわれると私にはどうにも首を傾げたくなるものが多い。ハクビシンにしてもタヌキにしてもネコにしても、ほかの材料や香辛料とともに炒めたり煮込んだりしたそれらの肉は、何かの肉だということがわかるだけで、私にはその動物特有の味というものが感じられない。だからことさらにそれを食べる理由がわからない。それはカブトガニやサソリやヘビについてもそうである。

中国では、食材としては「野味」にふくまれるほど特殊なものとは考えられていないイヌについても然りである。日本人にとっては等しく「ゲテモノ」に思えるので同じカテゴリーにふくめられることが多いが、イヌ肉は「野味」一般とは区別され、季節料理として広く各地で食べられている。だが、私にはゼラチン質の多い堅めの肉、というだけで、さして美味とも、身体によさそうとも感じられない。友人におごられてイヌ料理屋に連れてゆかれる場合には、できるだけしっぽを振ったりお座りをしたりする生前のイヌの姿を思い浮かべないようにして食べてしまうことにしているが、美味であるとは一度も思ったことはない。同じく、「野味」にはふくめられられない一般的な食材であるカエルについては、魚と鶏肉の中間的な淡泊な食味から、どちらかといえば好みの味ではあるものの、やはり自分から進んで食べたくなるものではない。

文化人類学的な「文化」の定義にしたがえば、「食」は文化の重要な構成要素のひとつであり、レヴィ＝ストロース流にいえば、食材をどのように食すかは、人間の文化的思考の基本となる二項対立を表してさえいる。私は香港・中国でのフィールドワークで、食文化を中心的な研究テーマとしたわけではないが、調査のあいだもわれわれは休みなく食べて寝て排泄する日々の営みを繰りかえしているのであるし、嫌でも現地の食物には関わらざるを得ない。私がフィールドとして選んだこれらの地域は、「食は広州にあり」といわれるように、たまたま食文化の特に豊かな地域であった。私が好物とする野菜類はもとより、いささかの冒険心なしには素直に喉を通っていかない「野味」の食材もふくめ、私はフィールドワークを通じてそうした多様な食べ物に出会ってきた。その中でも野菜の一部は、もうじき定年を迎える現在の私の食卓に定着し、食生活に彩りを与えてくれている。今朝のわが家の朝食も、芫茜の葉をトッピングした中華粥にした。芫茜の香りは、フィールドで過ごした遠い日の朝の食卓のにおいを、ほんの少しだけ思い出させる懐かしい香りである。

二　死者との共食

毎年、お盆と正月、そして祖父の命日である四月二日は、瀬川家にとっての主要な年中行事の日であった。そうした年中行事の日には、決まってお煮染めのゴボウや椎茸の煮えるにおいと、もち米の蒸《ふ》けるにおいが家中に立ちこめ、ああ、今年もこの日がやってきたと、子供ながらに季節感を味わったことを覚えている。正月の料理はおせちと雑煮をはじめとする各種もち類であったので別じたてだったが、四月二日とお盆に準備される料理は、ほぼ同じであった。それは精進料理で、お煮染めのほかにニンジン・コンニャクなどの胡桃和え、季節野菜の酢の物などと、「おふかし」と呼ばれる小豆の入った赤飯、そして豆腐の吸い物であった。

小豆の赤飯は晴れの日に食すべきもので、仏事の際の「おこわ」は大角豆《ささげ》でこしらえるべきだとする地方（または家庭）もあると聞くが、瀬川家では祖母が小豆の「おふかし」が好物だったこともあり、決まって小豆が用いられた。土蔵から出してきた木製の六〇センチ角の正方形の蒸籠を、竈の刃釜の上に載せ、朝から数時間かけてゆで小豆を混ぜたもち米を蒸した。もち米があらかた柔らかくなったところで、小豆の茹で汁と醤油、砂糖、酒などを混ぜた赤紫色の液体で米に味つけをし、さらに三〇分ほど蒸かすのだ。この味つけの工程はコツの要る作業で、祖母の専門となっていたが、竈の前で薪をくべるのは私の係であった。そのほかにも、胡桃和えのために割られた胡桃から、牛乳の紙ぶた取り用の千枚通しを用いて胡桃の実をほじり出し、集めた実の中に茶色い殻の破片が混じっていないかチェックするところまでの作業も私の役目だった。

四月二日の祖父の命日の墓参は、叔父叔母やイトコたちとそろって菩提寺に参詣して墓を拝み、帰宅してそうした精進料理で会食するだけだったが、「オホゲ」と呼ばれる八月一三日のお盆の墓参は、それに加えて墓前に供物を持参し、拝んだ後にその場で料理の一部を食べる習わしがあった。持参するのは例の「おふかし」とお煮染め、そして生の茄子や青林檎、未熟なトマトなどであった。墓前には、「ハカス」と呼ばれるヨシで編んだ小さな筵状のものを敷き、その上に蓮の葉っぱを乗せて、それを皿のようにして供物を盛った。衛生を考えてか、後年は蓮の上に食べ物を直に置かず、持参するのに使った重箱ごとその上に乗せていたが、墓前に供えて合掌した後は、迎え火の「マツ（松の根）」を焚きながら皆で供物の一部をつまむのがしきたりであった。

迎え火として墓前で燃やすものは、同じ岩手県内でも地域によって相違があり、妻の実家である盛岡では、「カバ火」といって白樺の樹皮を燃やすことになっている。別の地域、たとえば遠野盆地あたりでは、「オガラ」という麻の茎の乾燥したものを燃やすのだと聞いたことがある。迎え火は先祖を墓から自宅へ連れ帰る際の合図なのだと教えられたが、家に帰ってからも日が暮れた後、家の前で迎え火なるものを焚いていたから、先祖は一体どのタイミングで家にやってくるのかと疑問に思ったものである。

先祖のお祭りに関しては、ほかにも解けない矛盾があって、たとえばお寺にゆくたびに本堂の阿弥陀様を拝んだ後に、位牌場に無数にならんでいる檀家の位牌の中の、自分の家の祖先の位牌の前までいって、それを拝むことになっている。そしてさらには、お墓にいって花を供え、線香を焚いて手をあわせるのである。子供ながらにも、御先祖さまは家の仏壇、位牌場の位牌、お墓のうち、一体どこにいるのだろうと疑問に思ったものだ。これは子供の私ばかりではなく、母もお盆のたびごとにそのような疑問を口にしていた気がする。だが、大人たちの会話は、「んだねえ、どっちさ居るんだえねえ」、「どっちさも、居るんでねがえんかねえ」などというかたちで終わるのが常だったので、子供としては煙に巻かれた気分がしたものである。（傍点はイントネーションの高い箇所を表す。）

祖先に食べ物を供物として供える風習は、私がフィールドワークを行った香港新界のS村の人々や、中国本土の人々のあいだでも広くみられるものである。香港や中国でも、宗族組織をもつような古い村の人々は、祖先の位牌というものを作って祭祀の対象としている。また、墓もまた別途祭祀の対象である。位牌は、S村のようなところでは、それぞれの一族が、その村にやってきた始祖以下の自分たちの祖先を集合的に祭っている祠堂《しどう》という建物があって、その中に安置されているのが普通だ。一方、墓は村の近くにあるとはかぎらず、また一族の墓がまとまって一ヶ所にあるともかぎらない。香港をふくむ中国南部の人々は、山や丘の斜面に墓を建造する習慣をもっていたが、S村の人々の場合も、村の周囲の山々に祖先の墓がある。墓の位置は、「風水」によって吟味して選ばれるのだが、墓の風水は一般的に良い風水と悪い風水があるというばかりでなく、その被葬者個人にとって良い悪いの相性が細かく判定される。したがって、同じ一族の祖先でも、風水にこだわって墓の位置選びをすればするほど、あちこちに分散することになるのだ。

そうなると、墓が大抵は寺の境内にある日本の場合と異なり、位牌の安置してある村の中の祠堂と、それぞれの祖先の遺骨が眠る墓地とは、遠く離れて存在することになる。私が子供のころにお寺のお墓で感じた疑問は、中国人の人々のあいだでも同じように頭をかすめる場合があるらしい。字義的には人間の魂を表す「魂魄」という概念のうち、「魂」は位牌に祭られる無形の精気のような存在、「魄」の方は墓の中の遺骨とともにある物象化した存在で、人の霊魂は死後にはこれら二つに分離するのだ、などとも説明されている。しかし、一般の中国人はそのような字義解釈に通じているわけではなく、特に若者は、遠い山の中にある祖先のお墓への道すがら、私が子供のころ抱いたのと同じ疑問をつぶやいたりするのだった。

香港新界の村人たちが祖先の墓参りを行う機会は、年に二回ある。一回は春の四月初旬にあたたる清明節《チンミンチッ》で、これは大体中国全土で墓参りの日とされている。S村の人々は、この日、自分の父母や祖父母など、直近の祖先の墓参りに出かける。もう一つは、秋の旧暦九月九日（新暦ではおよそ九月の末から一〇月中旬にあたる）の重陽節《チョンヨンチッ》である。こちらの方は、全国的には墓参の日になっているところは珍しく、香港地域をふくむ広東省の一部地域の地域的な風習かもしれない。重陽節には、S村の人々は遠い祖先、すなわちS村に住み着いた初代の祖先や、その妻、あるいは第二代あたりの祖先の墓参りを行う。

中国では墓参りのことを「掃墓」と呼んだりするのだが、彼らの清明節や重陽節の墓参に同行してみると、なるほど墓参りをそのように呼ぶことの意味がよくわかる。前述したように、彼らの墓は山中や畑の中に点在している場合が多く、日本のように寺院が境内として管理しているような場所ではなかった。したがって、一年のうちに墓の周囲には雑草が生い茂り、墓石や土盛りを覆い隠してしまう。墓参りはまずそのような雑草を刈りとり、あたりをきれいに清掃することからはじめなければならないのだ。墓の形状は地域によってもかなり異なるが、香港や広東省など中国南部のそれは、山の斜面に半地下式に横穴を掘って、そこに骨壺を収める形式のものが多かった。前面は石の墓碑で塞ぎ、周囲をコンクリートや煉瓦で固めるという形式である。もっとも、これは清代以前から行われてきた古い墓の形式で、現代の都市民は集団墓地に埋葬されたり、寺院や道観などに併設された納骨堂に遺骨が収納されたりする場合がほとんどとなった。

S村の村人たちの墓参りは、様々な供物をたずさえて行われる。日本の墓参りでは供えものとして花が欠かせないが、彼らの墓参では花は供えるべきものとは考えられていない。線香（日本の線香より長くて赤紫色のもの）と蝋燭（土にさすための竹串と一体化したもので、通常は赤い色をしている）のほかに、墓前に供える食べ物と飲み物が持参される。食べ物は、「三牲」といって鶏、豚、魚の調理したものと果物類、飲み物は酒とお茶である。ただし、飲み物は容器に入れて運ぶのが面倒なので、最近はペットボトルや缶コーラなどで代用される場合もある。

これらの食品の供物のほかに、彼らの墓参に欠かせないのが、紙銭や紙衣の類である。紙銭は沖縄までは伝わってその祖先祭祀儀礼に組み込まれたが、日本本土では普及しなかった。一種の模擬貨幣で、いろいろな種類があるが、祖先があの世で不自由しないようにとの意図で、墓前で燃やされる。陰司紙《ヤムシーチー》と呼ばれる紙銭は、現世の紙幣のように額面が入り、閻王《イムウォン》（閻魔大王）の肖像やサインが入ったものまである。他方、渓銭《カイチーン》と呼ばれる紙銭は、粗末な長方形の紙の上に、銅銭の型がエンボス状に押してあるもので、これは小銭に相当し、墓の主である祖先にではなく、周囲を徘徊している野鬼、つまり祭る者のいない孤魂に与えるべく、燃やさずにまき散らしたり、地面に小石で留めて置いたりする。そして、参拝者一同で頭を垂れて礼拝するのであるが、それが終わると、皆で墓前で供物を食べる。

これは、日本のお盆における墓前で供物を食べる風習と似通っていておもしろい。香港新界では、この墓前における祖先との会食のことを、「食山頭《セクサーンタウ》」と呼んでいる。かつては、調理済みの三牲を運ぶのではなく、調理のための材料と、中華鍋、薪などをもって墓参し、墓の前で調理したもので会食したのだという。近年は墓前での調理が面倒なのと、失火による山火事の防止を呼びかける政府のキャンペーンなどもあって、調理済みの供物を墓前で食べるだけになったのだという。

これら一切が終わると、勢いよく爆竹が鳴らされる。爆竹は、供物目あてに寄り集まってきた野鬼などを追い払うためと説明されている。墓の前は、まき散らされた渓銭や紙銭の燃え残りや爆竹のカス、それに食べ散らかした供物の残骸などで、せっかく「掃墓」された後にもかかわらず、ゴミが散乱した状態になるが、人々はあまり頓着しない。参加した子孫には、その場で御苦労賃として現金が配られることもある。それは、遠い山道を登っての墓参にあまり参加したがらない若者の参加を促すための措置でもあるが、もともと墓参の際には祖先名義の共有地の収益などを分配する習わしだったので、参加者に金銭を配ることにはとり立てて抵抗感はないという。

このように、S村の人々の墓参りは、花巻の私の故郷の墓参りとはかなり様子の異なるものではあるが、いくつかの点では興味深い共通点もみられる。ひとつは、蝋燭や線香、それに花巻では松の根、S村では紙銭を燃やすことにより、火を使って祖先とのコミュニケーションを図っている点である。そして何といっても大きな共通点は、供物を墓前で食べることにより、祖先と子孫の会食を実現しようとする点である。

死者との会食または共食という儀礼的行為は、世界各地において様々な形でみられる現象ではあるが、中国や日本におけるそれは、そうした行為を通じて祖先と子孫の同質性、一体性を確認しようとする行為に思える。死者や祖先に食物を供するという趣旨だけであるなら、供物としてそれを供えるだけで充分なはずだが、あえてそれを墓前における儀礼の場で子孫が一緒に食すという行為は、彼我の世界を異にする祖先と子孫とが、同じ場で同じ食物をともに享受することを通じ、生前の家族成員が日常において共有していたのと同じ共同性を、一時的に再現する行為ともいえる。仏教やキリスト教、イスラーム教など、いわゆる世界宗教と呼ばれる宗教の教義の中では、生者と死者とは、明確にその立場を異にする存在として、区画され切り離されて扱われる傾向が強いが、中国も日本も、東アジアの祖先観においては、生ける子孫と死せる祖先とのあいだには連続性が仮構されており、定期的にそのあいだの境界が取り払われるべきだと認識されている点が共通している。

祖先という観念はもちろん西洋にも存在するが、祖先の記念や祭祀を永続的に行ってゆくべきだという発想や風習は中国や日本をふくむ東アジアにおいて特に顕著に発達した特徴的な文化要素である。前近代から、中国の民も日本の民も、祖先を身近なものとして感じ、その祭祀を継続することを一種の義務として、年中行事儀礼の一環に組み込んできた。もっとも、近代以降の社会変化は、そうした東アジアの人々にも故郷の村を離れての都会住まいや、日常の時間の多忙化を招来し、それにともなって祖先の祭祀も年々簡素化の方向を余儀なくされている。花巻のわが瀬川家でも、叔父叔母たちの死去にしたがって、お盆などの墓参に集まる親族はもはやわれわれの一家の家族成員のみとなった。S村でも、一族の成員の多くは海外出稼ぎなどで村を離れ、数年に一度しか祖先の墓参りに参加できないという者も希ではなくなった。

こうしてみると、私の生きてきた半世紀強の時間の中でも、祖先観、祖先―子孫の連続性に関する観念は、大きく様変わりしたことが確認できる。文化も社会も、常にとどまることを知らない変化のうちにあるのだということを実感せざるを得ない。「しきたり」や「伝統」などと呼ばれるものも、所詮は川の流れの中に現れては消えるさざ波の紋様のようなものに過ぎないのだろう。だが、ともかくにも、川の流れは途絶えることなく今も続いてはいる。

三　さまよえる魂たち

香港新界にフィールドワークのため滞在していた一九八三年から一九八五年の二年のあいだには、

太平清醮《たいへいせいしょう》（タイペンチンチウ）という比較的大きな村落儀礼をいくつか見る機会があった。香港新界地域で、日本の村祭りに相当するものといえば、各地に点在する天后や観音や洪聖などの神様の廟で祝われる一年一度の誕生日のお祭りであるが、太平清醮はこうした村祭りとは性格を異にするものである。太平清醮は、香港新界でも特に古くて大きな村落が、一〇年から数十年に一度、村に関係する様々な死者を、まとめて鎮魂する道教の儀礼である。

道教は、仏教や儒教とも異なる中国の信仰体系のひとつだが、日本の神道に似て、もともと多様な民間信仰を体系化したものなので、多数多様な神々を祭る。日本の近世には仏教が幕府の全国統治のための政策の一環として利用されたし、神道は町や村の氏神の祭りのように、地域社会を束ねる宗教的な中心として機能してきた。それに比べると、清代の中国では道教も仏教も統治の道具としての位置づけにはなかったが、少なくとも道教は様々な形で中国の民衆生活と結びついて存在している。たとえば、伝統的な葬儀では道教系の専門業者である道士が雇われることが多かった。太平清醮は、こうした道士の関与する儀礼の中でも最大規模のものであった。前述のように、それを行う伝統をもつのは古くて大きな村落のみで、私が住み込んだS村のような小さな集落にはそれはない。しかし、古くからの伝統儀礼を見るよい機会なので、太平清醮が開催されることを聞きつけると、私はほかの村に出かけていってはそうした儀礼を見学することにしていた。

太平清醮が目的とするのは、村に関係する死者の鎮魂であるが、その中心は「幽鬼超度」、すなわち正しく祭られることなくさまよっている孤魂を鎮め、生者の世界に害悪をもたらさないようにすることであるとされている。このため、村では定期的に道士に依頼して道教の神々を招く仮設の祭壇を村内に設け、最長の場合一週間にもおよぶ大がかりな鎮魂儀礼を行うのである。「村に関係する死者」の中には村人自身の親や祖先もふくまれるが、それらは通常彼らが所属する宗族の祖先祭祀の中で、頻繁に供物を捧げられ、祭られている存在である。それに対し、何らかの理由でそうした正規の祭祀からもれた死者の存在は、生者の世界に禍をもたらしかねない危険な存在とみなされる。

そうした死者たちには、戦争や事故などで不慮の死を遂げた者、若く未婚で死んで子孫を残さなかった者たちがふくまれる。たとえば、香港新界をふくむ中国南部では清代以前各地で村どうし宗族どうしの争いが頻発し、互いに武装して戦う「械闘《かいとう》」という現象が多発したことで知られるが、そうした械闘の戦死者なども、この不慮の死者にふくまれる。ほかにも、日中戦争での死者、水害や疫病、交通事故などの死者もこれに該当するとされている。また、子孫がなく終わり、祖先祭祀の継承者を確保できなかった傍系祖先たち、さらには本来他家へ嫁いで婚家の祖先として祭られるべき村出身の女性たちの中で、未婚のまま生家で死去した者なども、この対象にふくまれる。

道士の執り行う儀礼には、域内で祭られている諸々の神々（村の廟の神、井戸の神、村の周囲を守っている土地公の祠、村の背後の樹木に祭られた樹神など）とともに、そうした孤魂たちを一同に集め、供物を捧げて祭祀する局面がふくまれる一方、「大士王」という巨大な紙の張りぼての人形を作り、わざわいをもたらす邪悪な死霊を捕縛して鎮圧するという側面もふくまれており、正規の祖先祭祀からもれ出た孤魂の取り扱いにはそうした両義性がみられる。道士の儀礼は真夜中に行われるものが多く、薄暗い祭壇や村の境界の荒野などで、八卦の紋様入りの赤い衣を身にまとった道士たちが、読経したり印を結んだりしながら執行する。それは、この世が実はそのように忘れ去られた不遇な死者たちで充ち満ちているのだということを想起させる、一種凄絶な感覚を見る者に与えつつ、深夜まで延々とつづくのである。

こうした儀礼が発達したことは、他方で結婚して男系子孫を残した「通常」の死者たちは、各宗族の祖先祭祀の体系の中で「正しく」祭りつづけられるべきものであるとの観念が浸透していたことと表裏一体である。いわば、父系出自の原則にしたがう宗族が発達した社会において、その儀礼の体系からこぼれ落ちた「非正規」の死者たちを、落ち穂拾いのごとく鎮魂・鎮撫しようとしたのがこの太平清醮儀礼の本質であった。父系出自の原則ででき上がった宗族の生命観では、死者は男系子孫によって祭られることによって安楽で善良な祖先として存在しつづけることが予定されていたが、現実の生活の中では、そうした原則からはずれた想定外の死者が発生することは避けがたい。

近年私は、香港新界の宗族の系譜文書である族譜の分析に取り組んできたが、族譜の中にもそうした「非正規」の死者たちの扱いについて、さまざまな葛藤の跡を読みとることができる。私の分析した香港新界W氏一族の族譜では、族譜に記載されているのは基本的にこの宗族に生まれた男子とそこに嫁いできた妻たちのみで、しかも男子の中でも一五歳前後の年齢に達することなく死亡した子供は、一切記載されないルールとなっていた。つまり、このW氏一族のもとに生まれた者たちでも、娘たちならびに乳幼児期や少年期に死去した男子は、族譜上に痕跡をとどめない原則なのである。族譜は、祖先祭祀のための帳簿のような役割をはたしていたから、こうした夭折した子供たちや、何らかの事情でよそへ婚出することなく実家にとどまったまま生涯を終えた女性たちは、祖先として祭られることはなかった。

また、一五歳以上に達した男子でも、結婚して男系子孫を残せない者も多数おり、そうした者は死後に祭祀をしてくれる後継者を得ることができないことになる。しかし、族譜を分析すると、そうした「無嗣者」（跡継ぎのない者）に対しては、近親者を養子にしたり、近親者の子孫に祖先祭祀を委託する措置（附祭）をとったりして、何とか祖先祭祀の対象から外れる死者が出るのを防ごうと腐心していたことがわかる。

族譜の最後の方の清末に近い時代になると、夭折した三、四歳の幼い男子についても、原則を曲げて族譜に記録を残している例が散見されるようになる。いつの時代にも、親は夭折した愛児に哀惜の念を抱き、何とかその存在がこの世にあった痕跡を残したいと願うものであろうが、こうした「原則破り」の族譜記載行為は、そうした親の切ない願望を垣間見せる事例だと考えられる。ただ、こうした夭折者の存在は、純粋な哀惜の対象であったばかりではなく、正規の祖先祭祀の体系の中に組み入れられない非正規の死者の一部として、畏怖の対象となっていた可能性もあろう。太平清醮はまさにこのような哀れでもあり同時にまがまがしい存在の予備軍でもある非正規死者を、鎮魂するための儀礼だったのである。

近世日本のイエ制度においても、「非正規」の死者の存在はおそらく人々を悩ませてきたことであろう。日本のイエにおける祖先祭祀は、中国のそれのように父系単系出自にこだわるものではなかったし、三十三回忌や五十回忌などの一定の祭祀期間を過ぎた後は、祖先たちは個別性を失って、「イエのご先祖様」という集合的な存在として祭られたともされているので、未婚死した傍系祖先などがそうしたイエの先祖の中に合祀されつづけてゆくことも比較的容易であったはずである。少なくとも、沖縄以外の日本本土ではそうであったかと考えられる（沖縄では、ひとつの家の祭壇に傍系の死者が合祀された状態を「チョーデーカサバイ」と呼んで忌み嫌う）。

実際、瀬川家の近世における過去帳の事例をみても、未婚のまま死亡した娘とおぼしき人物の戒名が記録に残され、さらに後日の回忌の際に墓石にその名を刻んで弔われていることがわかる。そうした者の中には、生家の一員として未婚のまま生涯を過ごし、八十歳を超える高齢で亡くなった女性もいたことがわかっている。こうした傍系の死者たちも、瀬川の本家の祖先祭祀は集合的に引き継いで、今日にいたるまでそれをつづけてきたと考えることができる。

より境界的な事例は、やはり幼児期に死亡した夭折者の扱いであろう。過去帳をめくってゆくと、「〇〇童子」とか「××童女」といった四、五歳で死去した幼児の戒名が、瀬川の当主の子女として記録されているのがわかる。近世期において、このような幼児の死者に対しても戒名を与えて弔うことがどれほど一般的に行われていたかはわからないが、豪商のイエとしてそれなりの財力のあった瀬川家では、おそらくそうした幼い死者たちについても、菩提寺に依頼して丁重に弔ったのであろう。過去帳に記されたそうした幼児の数は十例近くにおよぶが、そこからは幼くして逝った我が子への哀惜の念が、過去帳に記されたわずか数文字の短い戒名を通してにじみ出てくるのを感じる。ただし、それもイエにそれなりの財力があったればこそ可能だった措置と思われ、一般の農家の子女は、幼くして命を落としても、寺になにがしかの弔い料を納めて戒名を授けてもらうことができたかどうかは疑問である。

他方、瀬川家の菩提寺の広隆寺にはそれに該当するものを見かけないが、花巻近郊のほかの寺の中には、本堂の天井部分に多数の絵額や写真を飾っている例がある。現在は市町村合併で花巻市内となった旧東和町土沢地区の成澤寺という時宗の寺院では、本堂の天井部分の欄間にそのような額が所せましと飾られている。それらは、死者の肖像を写した絵や写真であり、およそ大正期以降は写真が、それ以前は絵額が飾られている。中には、先代の老夫婦の写真がならべて飾られているものもあるが、比率的に多いのは未婚で早世した息子や娘、あるいは戦死者など若年者のものである。

そうした中には、四、五歳に満たない幼児のものも多数ある。写真がなかった時代の絵額は、かなり形式化されたもので、唐子人形のような髪型の幼児が、広い座敷の空間に一人ぽつんと描かれている。そうした死者の絵を描く商売が、近代以前にどの程度普及していたのかは不明であるが、おそらく当人の顔をリアルに描写したものではなく、当時の幼児一般の概念的な姿が描かれたものであったと推測される。それでも、子を失った悲しみの中にある親たちは、指さして「ああ、似ている、目もとがそっくりだ」などといったのかもしれない。広い部屋にぽつんと一人で描かれているのはいかにも不憫だが、死者の世界を表す絵であるだけに、母や乳母などの姿をそこに描き込んでしまうことが憚られたのかとも想像される。

この成澤寺の絵額・写真類の中でも数が多く、やはり目を引くのは戦死した若者たちの肖像であろう。日露戦争期のものも若干あるが、多くは第二次世界大戦の戦死者たちである。軍服を着て凛とした姿のそうした若者の肖像写真の多さは、このような片田舎のコミュニティーが戦争で被った喪失の傷跡の大きさを如実に物語るものである。彼ら戦死者もまた、通常のイエの祖先祭祀の体系からはみ出す、非正規の死者にほかならなかった。多くは南島洋上や大陸の戦地で没して遺骨は帰還しなかった者たちであろうし、年齢からして未婚の者も多く、その死を悼む親たちが写真を奉納したものと推測される。そしてそれらの親たちがこの世を去った後は、イトコやオイなど傍系の者が彼らの追善と祭祀を引き継いだものと考えられる。

瀬川家の菩提寺の広隆寺には、こうした絵額や写真こそ飾られてはいないが、やはり戦死者のための祭祀の空間が設けてある。本堂左手の観音像は、「夢違い平和観音」と銘打たれ、もっぱら戦死者の弔いのために祭られている。私の父や叔父は病弱だったこともあって戦地にはおもむかなかったが、瀬川家でも父のイトコで宮沢賢治の母方イトコにあたる人物は、ルソン島で戦死している。また、近世瀬川家の直系子孫にあたる本家筋の一人息子も、同じ戦地で戦死している。幼少時、祖母に連れられてお盆にお寺を訪れるたびに、祖母はこの観音像の前で、それら戦死した人々の名前を逐一あげて、彼らはここに祭られているのだと私にいい聞かせたものであった。

死者を祭祀しつづけること、あるいは現代風にそれをいえば、彼らの存在を記憶し記念しつづけることは、前近代以前からの日本においても、また同じく中国においても、親族やイエの儀礼として、宗教儀礼の一部として、長期にわたり延々と受け継がれてきた。現代社会に生きるわれわれは、現代社会特有の行動範囲の拡散や生活経験の多様化にともない、そのような古い形式の集合記憶からはどんどん遠ざかりつつある。しかし、ひとたび耳を澄ませてみれば、この世界は随所にそのような名もなき死者たちの無言の声に満ちあふれているのである。

四　中廊下

花巻の私の実家は昭和八年竣工の大きな日本家屋で、瓦屋根が珍しくなりつつある最近では、通り過ぎる人々が興味深げに視線を投げることも希ではない古風な建物である。次男であった瀬川の祖父が、本家から分家して建てた家屋だが、建造当時はちょうど昭和の大恐慌の最中にあり、仕事にあぶれた多くの人々が普請を手伝わせてくれといってきたという。また、建築中には昭和三陸大地震にも遭遇しているが、無事竣工している。昭和初期の建物であるこの実家は、瀬川の本家が明治中期の建造の建物であったのと比較すれば、近代的な家屋への変遷の過渡期の様相もとどめている。

本家は既に解体されているので、父の幼少期の記憶をもとに復元した間取り図を頼りにするほかないが、本家では便所と湯殿（浴室）は母家の中にはなく、別棟となっていたようである。そして、当時はそれが普通であったという。その点、実家にはイエの内部に便所と浴室が附属しているのだが、「内便所」とは別に、庭の片隅に「外便所」なるものが存在している。また、建造当時既に電気は通っており、配線はあらかじめ天井裏や壁の中などに作りつけてあったが、水道はまだ敷設されておらず、当初は庭にある井戸から汲んできた水を大きな水桶に入れて炊事や手洗いなどに用いていたようである。その後、水道が通ってからは、洗面所が増設され、台所と風呂場にも水道が引かれたが、後づけされた設備であったために、水道管は壁に穿った穴から無骨に突き出すかたちとなっていた。

一階二階あわせて九つある畳部屋のうち、中心をなす常居《じょうい》、中の間、座敷の三室のあいだは襖で仕切られており、それを取りはずせば、三十畳敷きの大広間となって冠婚葬祭の行事に対応できるようになっている。実際、私の両親が昭和三十一年に結婚した際には、料亭や宴会場などを借りることなく、自宅で祝宴を催したという。

このように大きな広い家であるので、家の真ん中には、それを端から端まで真っ直ぐにつなぐ中廊下が走っている。両側が部屋となっている中廊下は、昼でもなお薄暗いが、一番奥の突きあたりには格子窓があって、そこから裏庭の光が差し込むようになっている。廊下はそこからさらに左側に折れて座敷の南側・東側をまわり、常居の東側にいたる外廊下となってつづいている。都合九間分のこの外廊下は、そのすべてが縁側となっており、庭の光と風を屋内に取り込めるようになっている。

子供のころは、この実家の家屋は私にとってまさに小宇宙であった。それは一人っ子の私が走りまわったり転げまわったりして遊ぶには充分すぎる広さであったし、物心がついて後、東西南北の方位というものを覚えたのも、この建物を通してであった。イエの軸線となる中廊下は、厳密には南北の方位にぴったり重なっているわけではなかったが、北の玄関から南の突きあたりの格子窓までの線はほぼ南北を指しており、この中廊下から見て座敷や縁側がある方角が東、茶の間や台所のある方角が西となっている。東西南北というものを覚えたての私は、家の中からはよく見えない日の出日の入りなどというものよりも、縁側越しに見える庭のバラやその向こうの林の中の栗の木などが東、茶の間の窓のすだれ越しに見える板塀が西というものなのだと思っていた。だから家を出て、板塀より向こうまでいってしまうと、つまり「西」よりも西にいってしまうと、「西」は西でなくなってしまうということに気づいたときは大いに混乱したものである。

今でも、私の東西南北の方位感覚はこの実家の構造が基本となっており、たとえば南に向かっているときには無意識に中廊下で格子窓に向いて立つ自分を思い浮かべ、左手は座敷の方角だから東、右手は茶の間の方向だから西、と判断しているように思う。また、それぞれの部屋のにおいや、家のほとんどすべての戸や窓の開け閉ての音は、目をつむるだけで正確に思いおこすことができる。あるいは、裸足で歩くときの中廊下、外廊下、台所などの板の表面の、微妙な感触の違いも即座に思い浮かべることができる。それだけ私の身体にはあの実家の視角、聴覚、嗅覚、触覚などの五感の感覚が染みついており、長期間実家に足を運んでいないときでも、その感覚が衰える気配がないのは不思議である。

私が文化人類学の入門の授業用におもに使ってきた教科書（米山俊直・谷泰編『文化人類学を学ぶ人のために』、世界思想社、一九九一年）には、家族という社会集団のもつ性格を説明するための比喩として、日本家屋が登場する（同書中、故・大塚和夫氏執筆の「身内とよそ者」の章）。家屋は、戸や窓を閉めきれば、外界の雨風から自分の身を護る閉じた空間となるが、決して外とつながっていないわけではなく、平常時には家の成員も頻繁に出たり入ったりするし、よその人が訪ねてきて、玄関先や縁側で歓談することもある。同じように、家族は一見、親子兄弟の近親者からなる閉じた集団のようにもみえるが、世代ごとに外から配偶者がやってきて更新されてゆく、という意味では常に開かれている。文化人類学では、このように人間社会は家族以外の外の者との結婚、すなわち「外婚」で成り立っていると説き、その理由をインセストタブーに求めてきた。

核家族が基本となり、結婚した夫婦の大多数がいずれの親元にも住まず新居を構える現代日本ではあまりわかりやすい比喩ではないかもしれないが、少なくとも私の親の世代までの瀬川家をふくめた近代前半の日本の家族・家屋は、この比喩で表現されるような特色をもっていた。祖母も母も外から嫁いできた女性であったし、多くの場合、そうした婚入女性は実家を離れて婚家の家風に自分をアジャストすることに人生のエネルギーの相当な部分を割くことを強いられてきたともいえる。

一方、私たち夫婦は結婚当時には大阪で暮らしており、その後も仙台で生活してきたので、もはや上のような比喩で語られる家族を実践した世代ではない。古民家とも呼べる時代錯誤的な空間である私の実家の生活も、妻にとってはむしろ新鮮な体験であったようである。

だが、結婚の当初は、二階にあったわれわれ夫婦用の寝室から一階の一番はずれにある便所にゆくには、例の長い中廊下を通る必要があった。真夜中にトイレにいくときなどは、妻はそれをたいへん怖がっており、しばしば私に同行をせがんだものだ。また、最も驚いたのは、おそらく冬の寒さであったろう。実家の家屋は天井が高く、和室には欄間があって空気の流通はすこぶる良かった。しかも、築後長い年数を経て、建てつけに不具合の生じている箇所も少なからずあり、冬の暖房効率は非常に悪かった。石油ストーブを焚いても、室温が一〇度を超えることは滅多になく、暖房が止まると、屋内でもときおり氷点下になった。こうした寒さは、同じ岩手の出身である妻にとっても、耐え難いものであったに違いない。

文化人類学の教科書が述べるとおり、結婚は身内以外の人間との結びつきであり、それによって個人の経験世界や人間関係も、それまでの自分の内から外に向かって大きく広がってゆくことになる。

友人や知人の関係とは異なり、結婚はその相手の親・兄弟や親族との恒常的関係も生じさせるので、それだけでも「身内」の範囲が倍に広がることになる。文化人類学や家族社会学の用語でいえば、親族に対する姻族、あるいは生まれてくる子供の立場からすれば父方親族、母方親族という両方の親族が、こうして形成されることになる。盆暮れの帰省の際に立ち寄るべき先や、冠婚葬祭の際に顔をあわせる人々も、これによって倍に増えることになる。

親戚づきあいの範囲が広がるだけではない。結婚はまた経験や知識の面でも、独身のときの自分とは違った大きな広がりをもたらす契機だ。テレビや雑誌ひとつをとっても、おもに男性向け、女性向けの番組や記事というものがあって、単身者なら確実に無視してしまうであろう異性向けのそうした情報源も、伴侶がいれば間接的に関わりをもつことになる。結婚の当初、妻との会話の中で、自分がそれまでにもっていた知識がいかにかぎられたものであったかを思い知らされるとともに、それが急速に拡大していくのを感じたものだ。まさに世界が二倍に広がってゆく感じであった。

われわれには、結婚後二年目に長女が、また三年目には長男が生まれたが、彼らの子育てにおいても、花巻の実家は重要な役割をはたした。盆と正月、それに何かの特別な用事のあるときに連れてゆかれるのみで、それほど頻繁に訪れていたわけではないが、子供たちは幼少時に花巻の実家で遊んだことをかなり鮮明な思い出として覚えているようである。長い中廊下や広い畳部屋を走りまわっていたことは勿論だが、思い出深い遊びは何といってもお化け屋敷であろう。夜、仏間である常居の明かりを消して、大人たちを招き入れ、物陰に潜んでは飛び出したり、道具を使って脅かしたりして怖がらせるのである。大人に脅かしてもらうこともあれば、子供の方が大人を驚かせて遊ぶこともあった。

きわめて単純だが、子供にしてみれば一心不乱にうち興じられる楽しい遊びである。

この遊びは、私も子供のころにまったく同じようにして遊んだ経験がある。何しろ広い仏間は夜に明かりを消すとそれだけでも薄気味悪く、お化け屋敷の舞台としてはうってつけであった。夏休みに東京のイトコが泊まりにきたときなどは、かならずお化け屋敷を開園して遊んだものだ。ただ、一人っ子であった私は、さまざまに人を驚かす演出をして両親や祖母を招いて遊んではみたものの、イトコが遊びにきたとき以外は、遊びに興じつづけることには限界があった。その点、我が子たちが子供どうしで大いに盛り上がり、ひとしきり興奮して遊びつづけるのを目にすると、兄弟姉妹のいることを羨ましく感じたりもしたものである。

子育てもまた、経験世界や人間関係が拡張していく重要な契機である。職場仲間や友人関係にある大人どうしでは、決して経験することのない子供の行事を通じたつきあいにより、同様に子供をもつほかの人たちとの交流が生まれてゆく。特に母親たちにとっては、子供の親どうしのつきあいというのもそれなりに重要な人間関係になっている。子育ての時期が過ぎた後、こうした人間関係がそのまつづいてゆくとはかぎらないが、少なくとも自分の子供が幼少だったころのアルバムを眺める機会には、「あ、誰それさんだ！」「〇〇くんママだ」などと、ひどく懐かしく思い出したりはするものである。

私も「人間」を扱う分野の研究者の一人であるが、自分にとって子育ては、実に多くのことを学ぶ機会を与えてくれる貴重な経験であった。子供が言葉を発したり社会的に意味のある行動をとったりすることができるようになってゆく「文化化」の過程をつぶさにみることは、文化や社会を抽象的に論ずる専門書を読むよりもよっぽど直截に人間の文化・社会というものの成り立ちについての洞察を与えてくれる。なるほどご飯の食べ方から身繕いの仕方、不平の述べ方から愛情の表現の仕方まで、人は生まれたてのときにはあらかじめ身につけているわけではなく、成長の過程で徐々に身についていくものだということがわかる。

古典的な人類学は、それを自然対文化という二項対立で理解しようとした。生まれたままの自然な姿の子供を、社会生活の中で一定の文化的な「型」の中にはめ込んでゆくのが「文化化」の過程であり、教育といわれるものももちろんそこにふくまれる。ただし、二〇世紀半ばころまで主流であった考え方では、生まれたばかりの自然状態の子供は、どのようにでも「文化化」可能だという単純な考え方が強かった。また、個々の文化というものがほかの文化とは異なる独自の体系であることを強調する傾向も強かった。日本社会に生まれ落ち、日本の大人の中で文化化されれば、日本人としての行動様式や対人関係の様式、価値観などが自動的に身につくし、中国に生まれれば中国人としてのそれらが身につく、という具合にである。

しかし、子供の成長を見ていると、たとえ日本に生まれ育っても、周囲から教え込まれる様式というものが、がっちり何かの規則で決められているかのように規範化されているわけでもないことに気づく。親としても、これはこうしなさい、あれはそうしなさい、と常に明確不変な指示ができるわけではなく、「これで良いんだっけ?」とか、「何でこうしなければいけないんだっけ?」と迷うこともあり、さらには「どっちでも構わない」と思うことも多々あり、大人自身、言ってること、やってることにはかなりの幅がある。子供は、そうしたものの中から、自分で適当に身につけるものを選び取って、いつの間にか一人前に自分なりの行動スタイルを身につけてゆくのだ。かつての伝統社会では、もっと人々の行動規範は統一的で画一化されていた、とみる向きもあろうが、人間の逐一の行動は、きっちりと文法規則にのっとって作文される文語の文章のようなものではなく、その時々に発せられる発話のようなものであり、個人により、また同じ個人でもその時々により、揺れ動くアバウトなものと考えた方がよさそうである。

ただ、そうした中にあって、少なくとも親が子を案ずる心情や、幼児が周囲の物事に純真に興味を示し、試行錯誤しながら行動の仕方を身につけてゆくその過程そのものは、人間社会であればどこでもそれほど大差がないようにも思われるのも確かだ。個人ごと、あるいは社会ごとの小さなパターンの相違を、われわれはともすると大きな差異として認識し、他者や他国の人々を差別したり非難したりするための根拠にしようとすることもあるが、大もとのところで人間は充分に多様でもあり、また同時に充分に一様でもあるということは、われわれが心に銘記しておくべき重要なことに思える。

私が育った古い日本家屋の実家は、子供のころの私にとって私を包み込む小宇宙そのものであり、その中で形作られた方位感覚やその他の身体感覚には、あの家屋の空間構造がいまだに色濃く刻印されている。しかし、私にとっての小宇宙であるあの実家も、母が施設に入所して以来空き家になっており、ときおり風を入れにゆく程度となっている。私の子供たちは幼少期に遊んだ経験から、それなりにあの家屋には愛着をもってくれているようではあるが、空き家となって既に十年以上が経過してしまった。三世代の人々が暮らしたざっと百年近い時間の生活痕が、いたる所に堆積したあの実家を、私は今後どのように扱ったらよいものか、未だ結論めいたものにはいたっていない。定年退職の後も、しばらく妻と二人で悩むことにするつもりである。

五　女の力

中国の宗族とは、父系出自原理でき上がった親族組織であり、血筋は父親から息子、父親から息子のラインでのみ継承されてゆくのが原則だ。実際、私が最初のフィールドワークで住み込んだ香港新界のS村の李姓の人々の場合も、二〇〇年ほど前にこの村にやってきた一人の男性始祖から、その息子たち、そのまた息子たち、そのまた息子たち、というように代々男系の子孫が村内にとどまり、そこに外部から妻が迎えられて、今日の十数世帯ほどの小宗族ができあがった。

この李姓の人々のもとに生まれた娘たちはというと、基本的にすべて村外の男性のもとへ婚出してゆくのが原則だった。たとえ両親のもとに男の子がなくて一人娘であっても、親もとにとどまって入りムコを迎えるという習慣はなかった。そういう場合には、一人娘は婚出させ、同じ李姓の一族の中から、養子となる人物を選んで、自分の家系を継がせるのが決まりであった。S村の中には、李姓のほかに張や曽といったほかの姓の人々も住んでいたが、村の内部での結婚は好ましいものではないとする風習があったので、李姓の娘たちのほとんどは、結婚により村を離れていった。

逆に、S村の李姓の男性のもとに嫁いできた女性たちは、そのほぼすべてが村外の、ほかの姓の出身者である。二〇世紀前半生まれの老人層の妻たちの場合、多くはS村からそれほど遠くない、同じ八郷の谷の内部の村の出身だったが、次第に時代が新しくなるにつれて、妻たちの出身地も多様となり、元朗の町の生まれや、九龍の都市部の生まれの者も多くみられるようになっており、さらには香港以外で生まれた女性もふくまれるようになった。

このように、父系出自の原則が顕著な中国人社会であるので、さぞかし男性中心の、女性の権利や権限が制約された社会なのであろうと人は想像するかもしれない。だが、実際にS村に住み込んで彼らのもとで生活した経験からいえば、このような宗族の発達した村の中の父系社会の生活も、ふだんから男性ばかりが威張っているとか、女性たちはいつも縮こまって過ごしている、というようなものではない。むしろ、ふだんの生活の中では、女性の役割が大きく、女性の活動の方が逆に「目立つ」社会といってよいほどであった。

その一因は、男性たちが仕事のため、ふだんは町に通勤したり、イギリスなど海外へ出稼ぎにいったりして村には不在がちであることにある。また、S村の李姓一族の男性たちは比較的短命で、私の住んでいた時点では六〇歳を超える男性が一人しかいなかったという特殊事情もある。したがって、そもそも週末以外の日中に村の中にとどまっている男性は非常に少ないのである。他方、女性たちも、未婚の娘たちや若い妻たちは学校に通っているか町に勤めに出ている者が大半で、中には夫とともに海外に一家で出稼ぎにいっている者もいる。だから、ふだん村の中にとどまっているのは、五〇代以上の女性と、幼い孫たちが中心となる。

中でも中心的に村の中のことを取り仕切っているのは、村長の母親である六〇代の女性であった。彼女は香港新界の北のはずれにある村の出身で、李村長の父親のもとへは後妻として嫁いできた。当時、夫には前妻とのあいだに既に二十歳近くになる息子が二人いたが、後妻として嫁いで以後、彼女は一男一女をもうけた。その夫も、一五年ほど前には他界し、その後は彼女が一家を切りもりしてきた。息子の李村長は小学校の教員となり、結婚したが、その後も彼らは一緒に生活し、近年は息子が新築した新宅で、孫の世話をしながら暮らしている。

ところで彼女は、「問神婆《マンサンポー》」と呼ばれる神降ろしをする女性で、村内はもとより、近隣の村々の主に女性たちが、神降ろしをしてもらうためにときおり訪ねてくるのだった。彼女の神降ろしは、彼女が旧宅の中に祭っている祭壇の前で、唱えごとをしながら銅銭を投げて占い、神託を依頼者に伝えるものである。この祭壇に祭られた位牌には「宝霊大神」とだけ書かれ、特定の神が祭られているわけではないらしい。彼女によれば、そのときにより降りてくる神は違うという。依頼者はほとんどが女性で、依頼の内容は自身や子供の健康、子宝に恵まれるための方法などであった。神降ろしとはいえ、激しく神がかるシャーマニスティックなものではなく、銅銭占いの結果を彼女がわかりやすい口調で依頼者にいい聞かせる形式のものである。託宣の内容は、ブタ肉の脂身を多めに食べよとか、龍眼（ライチに似た果物）を食せなどといった食物に関わるものが多かった。

このような神降ろしを行う彼女を、村人の中には少々うさんくさく思う者もいないわけではなかったが、女性たちのあいだでは人望が厚かった。村外の依頼者たちをふくめ、彼女には知人がすこぶる多く、広い人的ネットワークをもっていた。私の住んでいた年の彼女の誕生日は、たまたま中秋節（旧暦八月一五日）であったが、その日には村内の知人たちが多く集まってきて、村長の新宅の屋上で、中秋節の宴会も兼ねた賑やかなお祝いが開かれた。

S村の李姓の一族の中で、男の長老は李村長の亡き父親の弟にあたる人物だったが、彼はふだんは九龍で息子とともに貿易関係の商売を営んでおり、村の中には住んでいなかった。この村長の叔父は、職業がら商取引や政府との交渉などにも知識が豊富で、一族の対外的な交渉、たとえばほかの姓の一族との訴訟なども、彼が中心となって処理していたが、日常的にはS村内には住んでいないので、ふだんの村の生活上のリーダーシップは、村長の母が握っていた。彼女は、村内のゴシップを隈なく把握し、李姓の男性成員の妻たちのあいだに諍《いさか》いが生ずればそれを調停し、集落の前の排水溝が詰まれば、それを村長ら男たちに告げて修理させた。

この村長の母をふくめ、村の老婆たちは日常的な祖先祭祀の遂行者でもあった。旧暦の毎月一日と一五日は、祖先や神様に線香と簡単な供物を捧げる日となっている。S村の李姓の各戸では、果物や塩ゆでの鶏などの供物をもって、祖先の位牌を祭る祠堂におもむき、拝礼することを習慣としていたが、それらの日がたまたま週末にでも重ならないかぎり、男性が拝みにゆくことは希で、ほとんどは老婦人がそれぞれの家庭を代表して拝礼に訪れるのである。また、たとえ男性が祠堂を拝みにゆく場合でも、供物を用意するのは大抵老婦人の役割であった。

それでも、清明節や重陽節の祖先の墓参りや、正月に祠堂で行われる集団での祭祀など、宗族の公式な儀礼と呼べるものについては、男性が主役となって行われた。たとえば、重陽の日の始祖の墓参りは、長老である村長の叔父が一族に対してその実施を通告し、村内に居住する別の男性が供物の準備、参加者の引率、参加者へのお金の分配などを取り仕切っていた。また、正月の祠堂参拝は、原則男性のみが祠堂内に入って位牌を拝み、女性たちは建物の外にたむろしてそれを見ているのみであった。

このように、宗族から構成される村の中では、その正式成員である男たちが活動の主役となるのが原則ではあったが、実際にその多くを差配しているのは女たちであった。このS村の状況は、男性が外で働くようになって多忙であるための代替措置で、かつて社会生活上の女性の活動はもっと制限されたものだった、と考えることもできようが、聞き取りによって過去の世代の生活の様子の再現に努めてみると、少なくとも二〇世紀に入ってからは、男性が村外に出稼ぎすることもかなり頻繁に行われており、その点では現在とそれほど大差がなかったとも考えられる。中国南部の宗族村落というと、先祖代々ひとつの村の中に一族が固まって住んで、祖先伝来の田畑を一心に耕す農民のイメージが強いが、他方では華南の少なくとも沿海部では、比較的早くから市場町や地方都市を中心とした商業活動が発達し、農業以外の収入源を求めて、村の外への人の移動も比較的頻繁に生じていたことが指摘されている。だから、今日のS村でみられる女たちの活躍のようなものも、あながち近代的な現象とばかりはいえないだろう。

前近代から近代初期の中国社会も、また日本社会も、家父長制的な傾向の強さと、その中での女性の抑圧がしばしば固定的なイメージとして語られてきた。一方で、そうした旧社会の中でも、女性の社会的な役割は決して小さなものではなく、家庭内的な場面では、むしろそれなりの力をもつ存在だったとする議論も行われてきた。確かに、近代化以前の中国社会も、まったく女性が虐げられっぱなしの社会であったとだけ考えるのは無理がある。人間の社会生活には多様な側面があり、そのすべての局面において常に男性が優位に立って物事を取り仕切っていたと考えることは現実的ではないだろう。「纏足」に象徴されるように、清代以前の中国人女性はその行動が物理的にも倫理的にも非常に制限されていたと考えることはできる。ただ、纏足に関していえば、中国南部地域、特に客家方言を話す客家の人々のあいだでは、纏足を行う風習がなかったとする研究もある。香港新界のS村も、客家語を話す人々の村であり、直接的に裏づける証拠はないが、清代の彼らの女性祖先たちは纏足をしていなかったものと推測される。

他方、中国社会が父系出自を原則とする社会だったことも事実であり、特に宗族の発達した地域では、その中で暮らす人々にとっては、宗族の基本である男系を通じた親族関係の網の目、それに付随した権利や義務や対人的なマナーなどに縛られた生活というものが、日常から行われていたであろうことは容易に想像される。したがって、中国人の親族関係というものをその原理や原則を中心に説明したり記述したりしようとすると、どうしても父系出自にがんじがらめになったその姿が強調されるきらいがある。法制史学者が研究する親族規範や家族法、伝統的な儀礼秩序の研究者たちが注目する儀礼の中の倫理規範などでは、そうした側面が特に強調される。

そこで、二〇世紀の終わりころから今日にいたる文化人類学的な親族研究の中では、親族関係というものをそのようなフォーマルな社会規範や倫理の側面からではなく、実際に人々が暮らしている日常の活動に即して捉え直そうとする動きが主流となった。私が観察したS村の宗族の日常生活においても、女性たちの存在感がそれなりに大きく、決して抑圧された姿のみではなかったように、一見父系出自の原理が強固であるようにみえる人々のあいだでも、そうした日常的な活動場面を中心に捉え直せば、違った社会像が得られることは、近年の多くの報告や研究が競って示そうとしているところである。

このような親族研究の見直しは、二〇世紀の古典的文化人類学の主要テーマのひとつであった親族・家族の研究を、新たな角度から再構築しようとするものとして重要な試みであると思われる。それはまた、家父長権や男性や国家など、権力の側からではなく、生活者の側からや女性や子供、未婚者、同性愛者など、社会のマイナーな立場に置かれがちな人々の側から社会を捉え直す試みとしても、現代社会の時流に沿った意義ある研究だと思われる。ただし、そうした近年の親族研究の潮流の中では、ともすると父系親族組織の宗族やその父系的価値観、慣習、儀礼などに言及するだけで、あたかも保守反動のきわみであるかのような評価を受けかねない危うさがある。

依然として、香港新界の農村に存続しつづけている宗族組織や、一九九〇年代以降の中国本土で復活を遂げた宗族は、父系出自の原則をもとに構成されており、現代的な社会状況への適応としてさまざまな変化を遂げつつも、基本的には旧来の価値観や儀礼の形式を維持しながら存在していることも確かだ。そうした現代版の宗族にあらためて関心を向けることは、中国人社会をフィールドとする文化人類学の研究としては、決して避けて通るべきことではあるまい。

文化人類学は、社会の中の家庭内的な領域や弱者の関わる領域のみをもっぱら研究すべきで、前近代以来の家父長権を連想させる領域は、法制史学者や伝統儀礼の研究者に任せておけばよいという考え方もあるかもしれないが、それでは文化人類学が標榜してきた社会や文化の全体性という観点からは大きく逸脱することになる。なぜなら、人々にとって宗族こそは、身内のあいだの私的な絆と、中国の国家・文明の全体とをつなぐ、縦糸のような存在だからである。西洋の近代社会では、公的な空間としての国家と、親族間の私的な関係の領域はきっちりと区別されるべき異質な領域とみなされているが、中国社会ではかならずしもそうではなかった。自分の祖先の系譜をさかのぼってゆけば、唐の王室につながると信じている人々や、自分の村の始祖は南宋末の英雄・文天祥のイトコであると信じている人々にとっては、自家の歴史は国家の歴史と連続したものなのである。

現代中国人社会の中に存続したり復活したりして存在しつづけている宗族は、確かに現代社会の多くの側面とは不整合を生じ、旧来のやり方からは大きく変質しつつあるのであろうが、人々のもつ歴史観やプライドといったものと結びついた部分では、依然として大きな機能を果たしつづけているようにみえる。中国本土では、二〇世紀半ばに行われた急進的な社会主義改革により旧時代の文化伝統の多くが否定的評価を受けた後、八〇年代以降の経済発展によって、衣食住の生活レベルでは豊かさを実現できるようになった。その上で、その次に一部の人々が求めたのは、中国の長い歴史に根ざした自分たちの存在の確認とプライドの確立なのである。宗族の存続や復活は、こうした文脈から捉えられる必要がある。

今振りかえってみれば、私の生まれ育った家庭環境や地域社会の雰囲気が、文化人類学の研究者となる過程で私に宗族などという古くさい対象への興味を抱かせ、二一世紀の今日では時流に乗った研究テーマとはいい難いその研究をつづけさせてきたともいえるかもしれない。しかし、時流に乗った研新しいテーマに飛びつくことだけが学問の醍醐味だとは思わない。自分の身に備わった感性にとって心底興味深く思える対象を、周囲からの短期的な評価の如何に関わらず探究してゆくことは、それ自体ひとつの学問的な誠実さであると思っている。幸いなことというべきか、私はこうして研究者人生を終える間際にいたるまで、そうした研究の姿勢はまっとうすることができたようである。世のため人のため、特定の何かに直接貢献できるような種類の研究ではまったくないが、そのような自分の知的興味に対して誠実に研究を貫き通すことができたことには、いささかの悔いもなく、実に幸せなことだったと思う。

道玄坂のセミ

一　宮沢賢治

あめゆじゅとてちてけんじゃ
Ora Ora de shitori egumo
うまれでくるたて、こんどはこたにわりゃのごとばがりで、くるしまなぁよにうまれでくる

これは、宮沢賢治の詩「永訣の朝」の一部だ。賢治の妹・トシが、死の間際に発した言葉として詩の中にちりばめられている。おそらくこれらは、トシが発したままの、あるいは賢治が聞き取ったままの、トシの言葉であったことだろう。それら方言で表記された部分を、一般の読者にもわかるようにと、賢治は詩に原注をつけており、それぞれ「あめゆきとってきてください」、「あたしはあたしで

ひとりいきます」、「またひとにうまれてくるときは、こんなにじぶんのことばかりで、くるしまないやうにうまれてきます」と「翻訳」している。「あめゆき」はそれ自体標準語の語彙とはいえないが、容易に想像がつくように「雨雪」、すなわちミゾレを意味している。

私の郷里・花巻の名が、ほかの地方の人たちにもそれなりに知られているとすれば、それは宮沢賢治と花巻温泉郷の存在に負うところが大きいだろう。今日、それらは花巻に暮らす者、あるいは花巻出身の者にとって、郷土の誇りであり、自分たちのアイデンティティーを支える存在といっても過言ではないかもしれない。同時にまた、それは観光や商売の資源にもなっていて、たとえば私が子供のころから花巻には賢治の名を冠した最中《もなか》があるし、より新しく洋菓子類やそのほか土産物の食品が考案される際にも、多くは宮沢賢治の童話や詩の中からとった何やら小洒落た名前がつけられている。食べ物ばかりではない。北上川に新しい橋がかかると、銀河鉄道にちなんで「銀河大橋」と命名されたりもする。

歴史上、土地や事物に名前をつけるにあたっては、著名人物にこじつけてそうされることがきわめて多く、日本武尊が立ち寄った場所だとか八幡太郎義家が弓を射た場所だとかにちなんで名づけられたとされる場所が日本国中いたる所にあったりする。そのように、歴史上の有名人の存在は、事物の名前を生みだす創造力の源なのだ。その点では、明らかに岩手では宮沢賢治も源義家にならんで、そうした文化的な創造力の源泉として機能している。

花巻の名を広く知らしめることに貢献したということのほかに、花巻出身者にとって宮沢賢治が残した大きな功績は、われわれ花巻の方言を文字で書き記し、ほかの地方の人々、とりわけ標準語圏の人々のあいだに発信してくれたことだろう。少なくとも賢治より以前には、東北のひどく奥まった場所にある花巻の言葉を、文字として印刷物に載せ、人前に開示することなど思いもよらないことであったと考えられる。明治以後、全国的に標準語教育が進む中で、東京の人々からみればその言葉は、いわゆる「ズーズー弁」の一種であり、粗野で、意味不明で、矯正・淘汰されるべき言語だと思われていたに違いない。また、何よりも当の花巻の人間たち自身が、自分たちの話している言葉は片田舎の「方言」であり、それを標準語圏の人たちに対して使うことは恥ずかしいこと、慎むべきこと、と理解していたと思われる。それを賢治は、見事に詩の言語に作り替えてしまった。彼の詩の中で、花巻弁は恥ずべき言葉から、心のほとばしり、命の輝きを伝える言葉として、突如昇華したのである。

ただ、冒頭に掲げた永訣の朝の一節にしても、そのほかの詩や童話に出てくる表現にしても、花巻弁の音写としては何やら違和感というか、合点のゆかないところが私にはあった。たとえば、「あめゆじゅとてちてけんじゃ」の一節は、私が花巻の方言話者として自分で発する音をそのまま素直に音写するとすれば、おそらく「あめゆぎとってきてけでじぇ」（傍点はイントネーションの高いところを指す。以下同じ）となるはずである。「Ora Ora de shitori eguomo」についても、「Ora Ora de shitori eguon」の方が自然に感じられる。

花巻の出身者ではない人にとってみれば、どうでもよいことに思われるかもしれないが、私は中学生のころに賢治の詩をはじめて読んだときから、この疑問が常に頭を離れなかった。宮沢賢治は花巻に生まれ花巻に育った生粋の花巻人であるが、私も花巻で誕生して一八歳までは花巻で育ったという点では同じくらい生粋の花巻人である。したがって、自分の話す花巻弁は、それなりに正統・純粋な花巻方言であるはずだと自負している。だとすれば、私が感じる違和感は一体何によるものなのだろうか。

ひとつの可能性は、時代による花巻方言の変化だろう。言語は生き物であり、しかも方言は確立した正書法で教科書に書かれるようなものでもないので、時代とともに変化してゆく可能性はある。ただ、宮沢賢治の時代と私の育った時代では、たかだか三、四〇年程度の隔たりしかないことを考えれば、違いのすべてをそうした時代による変化と考えることには無理があるかもしれない。

別の可能性は、同じ花巻の中でも、賢治の生まれ育った花巻の南側と、私の実家のある北側とでは、言葉に微差があった可能性である。花巻の町は、中央部分に花巻城跡の高台があり、それを境として北の四日町や一日市、南の上町、豊沢町などとにわかれているが、それらは明治の市町村制施行以来、一九二九年に合併するまでは花巻町と花巻川口町という別々の行政単位であった。したがって、同学年である宮沢賢治と私の祖父とは、それぞれ別の小学校に通っている。だが、両町は地理的にはごく接近しており、四日町から賢治の生家のある豊沢町までは、徒歩でもせいぜい一五分の距離である。両町間の通婚も多く、現に私の祖父の兄には宮沢賢治の母の妹が嫁いでいる。だから、言葉に違いを生じるほどの社会的障壁が両町間に存在したとは思えない。

むしろ、賢治の詩の中の音写と、私の知っている花巻弁との微妙な違いは、そもそも方言というものがもっている揺れの大きさ、特にそれを文字で書き留める際に生じるぶれの大きさに起因しているのかもしれない。平仮名やカタカナは、標準語で教えることが原則の学校教育を通じて普及してきたわけだが、そこでは、平仮名で書かれる「あいうえお」の音も、標準語の音がまっ先に想起されるようにわれわれは慣らされている。だが、方言の音は標準語の音とはしばしば食い違っていて、標準語音を想起させる仮名の読音からはずれているように感じられる。したがって、方言の音を仮名で書く作業は、それを近似する標準語音に置き換えて記述する作業になるわけだが、標準語のどの仮名の音に近似していると感じるかは人によってばらつきが生じるので、ほかの人が方言を仮名で書き取ったものを見ると、自分の思い浮かべる音とは違いを感じることになる。

永訣の朝の中の例でいえば、「あめゆじゅ」の「じゅ」に相当する音は、標準語にはない音で、「ぎ」とも「ぎゅ」とも「じゅ」とも「じ」とも聞こえる、摩擦の強い音（歯茎と硬口蓋の境界部を調音点とする破擦子音に、中舌で口唇の伸張を伴わない曖昧な母音がつく音）である。だから、それを賢治は標準語の「じゅ」に引きつけ、私は「ぎ」に引きつけて聞き取るとしても不思議はない。また、発音自体の個人差も大きい。特に、トシはその日のうちにも死期を迎えようという重い病の淵にあったのだから、その口調は熱に浮かされた、ふだんとはやや違ったものだったかもしれない。命が燃えつきようとしている妹・トシの姿を、凄絶なまでに研ぎ澄まされた言葉で描写した賢治の詩に、難癖をつける意図はまったくないが、同じ花巻人ゆえに疑問にとらわれてしまうこの方言表記の問題を、私なりに解釈してみれば、以上のように説明できるだろう。

いずれにしても、今日では私は、宮沢賢治の詩の中に音写された方言の音を、正確に発音できる貴重な人間の一人であると思っている。花巻方言については、時代とともにそれを話せる人の数が急減しているのを感じる。小学校の下校時刻に花巻からその西郊にある大沢温泉、鉛温泉などの温泉郷にむかう路線バスに乗ると、バスを通学手段とする小学生たちが乗り込んでくる。最初は、花巻の市街地にある若葉小学校の生徒たちだ。彼らは市街地の生まれだけあって、子供どうしで使う言葉も標準語であることが多い。さらに郊外へバスが進むと、湯口小学校という郊外地区の小学校の生徒が乗り込んでくるのだが、一〇年ほど前までは、こうした郊外地区の小学生どうしが話す言葉は、私が子供のころに同級生と使っていたのと大差ない花巻弁であった。「おんわぁ、わがねがえんじぇ、はいえぐせんせさいわねば」といった具合にである。しかし、近年はそうした郊外の小学生も、「うわっ、だめじゃん、はやくせんせいにいわなきゃ」などと東京の小学生の会話と遜色ない話しぶりで会話しているのが耳に入る。

それでも、標準語話者が聞けばイントネーションや微妙な発音の点でまだ「訛っている」と聞こえるかもしれないが、それは訛りのレベルであって、もはや本当の方言ではない。標準語話者は概して「方言」をイントネーションの違いとみなす傾向がある。ピョンチャン・オリンピックの際、北海道出身の女子カーリングチームの選手たちが発する「そだねー」が有名になったが、あれはおそらくは地元の感覚では「標準語」なのであって、あえて「方言」でいうのであれば、北海道の沿岸方言の「んだねー」など、別な表現があるはずである。

花巻の方言には、標準語の中にはみかけない数多くの独自の語彙や表現があったが、そうしたものを知っている、あるいは自ら使用するという人々は、世代の経過とともにずいぶん少なくなった。私は明治生まれの祖母に育てられたせいもあって、そうした方言語彙については宮沢賢治の時代とほぼ同程度にそれらを使いこなす自信があるが、今の小学生たちはもとより、その親たちの世代でさえそうした方言の語彙を知らずに育っている者が多いので、彼らが聞けばまるで外国語のようだと感じるかもしれない。

そうした「正調」の花巻弁の語彙を、話者の世代が絶えてしまった後の世にまで保存する意図も兼ねていくつか書きとめておこう。まず、花巻では語尾に「なはん」がつくことが多い。これは「〇〇(だ)ねえ」という、自分の感想を述べて相手に同意を求めるときの表現である。たとえば、「きたいだなはん」(不思議だねえ)とか、「あづなはん」(暑いねえ)などと使う。「なはん」は盛岡でも使用されるが、盛岡の「なはん」は少し音域が高めで、「はん」の部分の鼻音化が強いのに対し、花巻の「なはん」は音域が低め、かつ最後の鼻音がごく軽く、「なは」に聞こえることもある。

方言ではあるが、敬語・丁寧語は発達しており、たとえば「少し待ってください」のいい方も、丁寧さが少ない順に、「ぺっこまで」、「ぺっこまってけろ」、「ぺっこまってくね」、「ぺっこおまじぇんせ」、「ぺっこおまじぇってくなんせ」、「ぺっこおまじぇっておぐれってくなんせ」といった幾重ものグレードをつけることが可能である。ちなみに、「そのようなことを仰られましても、私にはさっぱり理解できませんので、申しわけありませんがどうぞお引き取りください」を花巻方言でいえば、「そんたなごどそわいだったたって、おらいっこどほんでねがんすはんて、おもさげねがんすども、どんぞおげれってくなんせ」となる。

擬音語・擬態語(オノマトペ)が多用されるのも花巻方言の特色であろう。宮沢賢治も詩や童話の中でオノマトペを駆使しているが、それは花巻方言のもつそのような特色と関係しているという人もいる。「ざらざらづい」(ざらざらした)、「ぐらぐらづい」(ぐらぐらした)など、「づい」という語尾がこうした擬音語・擬態語表現に頻繁に用いられる語尾である。もともとは「〇〇という」の音便形かと思われるが、「ざらざらづぐなる」、「ざらざらづぐない」、「ざらざらづがえんば」というように形容動詞的に活用する。この語尾をつければ、自分なりに新しい擬音語を作り出すことも容易だ。たとえば、「シャカシャカ」という音を表現するのに、「しゃかしゃかづい音」という造語を用いて表すこともできる。

擬態語の中には、「ぺかぺかづい」（見かけ倒しで安っぽい）、「とぽかぽづい」（口べたで要領を得ない）、「きたかたづい」（せわしない、落ち着きがない）などといった微妙なニュアンスのものもたくさんある。そうした類の表現は、標準語の中にはぴったり対応する表現がなく、私には花巻方言以外では言い表せないと感じられるものばかりである。だが、こうした表現を聞いてわかる者、さらには自分でそれを使いこなせる者は、おそらく現在ではほとんど高齢者のみになってしまった。次の世代には、それを解する者が消えていってしまうかと思うと、ひどく残念な気がする。

宮沢賢治の御陰で、ほんの小さな東北の田舎町に過ぎない花巻も、それなりの知名度を得ることとなったし、私のような花巻の出身者も、自分の故郷に対してある種の誇りを覚えることができている。とりわけ、花巻の地元の方言を詩や童話の芸術作品の中に結晶化して保存してくれたことは、私にとってはこの上なくありがたいことに思える。文化人類学の同僚研究者の中には、民族言語を失いつつある少数民族の研究にたずさわっている者もいるが、そうした少数言語の話者たちの心境が私にはある程度理解できる気がする。

理屈を述べたり、学術的な考察内容を発表したりするには、標準語で充分であるし、むしろわれわれはそうした活動に用いる言葉としては、標準語のみでトレーニングを受けているので、いざ方言でそれをやってみろといわれても不可能だ。だが、心情を吐露したり、深い感慨にひたったりするときに心の奥から突いて出てくる言葉は、幼い日に人生の最初の段階で身につけた言葉、父や祖母たちとの会話の中で身につけた言葉、すなわち花巻の言葉なのだ。その言葉が、一〇〇年後も二〇〇年後も、かすかな痕跡であっても残ってゆくことを、念じるのみである。

二　敗北

街路樹はまだ緑で、暑いというほどではないにしても、ビルの上から斜めに降ってくる午後の日差しがまぶしく、私の季節感を混乱させていた。だらだらとした緩い坂のつづく、都会のアスファルトの上、見も知らぬ歩行者たちのあいだをぬって歩きながら、わけのわからぬけだるさと疲労感があった。私はそのころ、平均体重よりは一〇キロも少なく、ガリガリに痩せた病弱そうな若者であったが、私以外のゆき交う歩行者は皆、生気に溢れ、エネルギッシュな足取りで、颯爽と先を急いでいるように見えた。

そのときである、どこかの街路樹から、一匹のセミが飛んできて、私の肩にとまったのだ。セミはおそらくミンミンゼミで、私の肩にぶつかるようにしてとまりながら、小さく「ケケ」と鳴いた。東京へ出て二年目の夏の終わり、いや秋のはじめであった。大学入学後約半年が過ぎた初秋の、おそらく一〇月一日か二日のことであったと思われる。そこは渋谷の、道玄坂の路上であった。

最初の大学受験に失敗し、一年間の予備校生活を送った後、何とか希望通り東京大学文科Ⅲ類に合格することができた私は、東京で大学生として過ごしていた。世田谷代田にある父方叔母の家に居候させてもらっていたが、大学のある駒場までは距離的に近く、食事の心配も要らず、たいへん恵まれた環境にあった。大学での勉強は、それまでの受験勉強とはまったく性質の異なるものだったので、最初は多少のとまどいはあったが、教養課程で習うフランス語、ドイツ語などの新しい外国語や、それまでは新書を通してしか触れることのなかった心理学、社会学、統計学、論理学、哲学などの学問に、その道の専門研究者たちの講義を通じて直に触れることができるのには新鮮な感動があった。

クラスメイトの中には、そうした大学の授業などつまらないという者も多かったが、私には大学の授業は概して楽しかった。一概にはいえないものの、クラスの中では私をふくめ、地方出身の学生はそれなりに真面目で、大学の授業から新たな知識を吸収しようという意欲があったように思うが、さっぱり授業に出てこなくなったり、異性の友人と遊び歩いたりしているのは、おもに東京出身の者が多かった。東京近辺の進学校の出身者たちの中には、東大合格というとりあえずの人生の目的を達してしまって、既に勉学意欲は燃えつきたという顔をしている者も少なくなかった。東大にさえ合格してしまえば、後はそんなにあくせく勉強しなくても、恵まれた人生が約束されている、といわんばかりにである。

そうした連中を横目に見ながら、遠く故郷を離れ親もとを離れて、それなりの不便と寂しさを我慢して東京での大学生生活を送っている自分は、こういう無気力なクラスメイトと同じにはなりたくない、意地でもこいつらよりちゃんと勉強してやる、と思ったりもした。今になって考えればそれは、身なりも小洒落ていて、言葉遣いも身のこなしひとつとってもすべて自分よりは洗練されて見える、そうした都会育ちの同級生たちへの嫉妬や敵愾心の表れであったのかとも思える。

その日は、別に渋谷の街が目的ではなく、おそらくどこかへ出かける途中で、井の頭線から山手線へ乗り換えようとしていたのであろう。とにかく私は終点の渋谷で井の頭線を降りた。自分のことを特に「方向音痴」だとは思っていないが、都会のビルや地下道で私はよく道に迷った。遠くに山や太陽が見える田んぼや野原の中とは違い、都会の立体的な建物の中で階段を上り下りしていると、たとえ何度も通り慣れた場所であっても、今どの方向に歩いているのかが一瞬にしてわからなくなるのだ。そのときも、井の頭線を降りてそのまま二階通路を通り山手線のホームへゆけたはずだが、途中で方向がわからなくなって、いったん地上へ降りたのだと思われる。そしてJRの渋谷駅（当時はまだ民営化の前だったので、正確には国鉄渋谷駅）を目指したつもりが、いつしか道玄坂を駅とは反対の方角へ歩きはじめていた。自分でもすぐに、これは明らかに反対方向だ、と気づいたのだが、慌ててUターンして戻るのは、如何にも田舎者っぽく見えるような気がして、しばらく歩きつづけていた。

セミが私にとまったのは、そのときであった。慌てて振りはらうと、セミはどこかへいってしまったが、その一瞬のでき事のうちに、私はいいようのない深い屈辱感と敗北感を覚えていた。セミが私にとまったのはほんの一瞬のことであり、まわりの歩行者たちのうちでそのことに気づいた者はほとんどいなかったかもしれない。だが、私は街の真ん中でセミにとまられた間抜けな自分と、あたりを歩いている無数の人間たちの中でよりによって私にとまったセミに対して、ひどく腹が立ち、惨めに感じた。それは何重もの意味において敗北であると、私には感じられたからだ。

そもそも、一〇月のはじめというその時期にセミが鳴いているということ自体、私には慣れない光景だった。故郷の岩手では、盆の終わった八月後半にもなると、数日の冷たい雨の日を境に、夏という季節は終わりを告げ、林や庭の茂みを賑わせていたセミたちもその短い一生を終えるのだ。九月のはじめくらいまで、残暑の戻りの日中に、生き残ったセミがかすかに鳴くことはあっても、一〇月ともなれば、故郷ではもう朝晩はめっきり冷え込み、人々は夏という季節があったことも忘れてしまったかのように黙々と日々を過ごしているのが常だった。

それに比べて、東京の夏は長く、まぶしく、明るかった。こうした季節感のズレは秋口ばかりではない。春先には確実に東京の方が一、二ヶ月時間が早く進んでいて、学年末の休みを終えて上京する際などにも、冬のあいだの雪の重みに圧せられた枯れ野の荒涼とした郷里の光景から、突如花々に溢れたまぶしい春の世界にワープする心地がしたものだ。真冬はいわずもがなである。雪のない東京から、東北本線の長距離列車で帰郷すると、沿線は次第に殺伐とした冬の景色となり、宮城県北を過ぎるあたりで、周囲はついにただただ無駄に白い雪原に変わってしまう。

そのような気候のハンディばかりではない。私の高校生、大学生の当時は、何故か故郷の花巻あたりでは夏のあいだにもセミは極端に少なかった。おそらく冷夏のためにセミの活動期間がいっそう短かくなったり、農薬や道路建設のためセミの生育環境が圧迫されたりしていたためかもしれない。東京には古いお屋敷があちこちに残っていて、そうした住宅の庭は、何十年も土を掘り返していないので、セミにとっては好適な住環境となっていたのだろう。とにかく、明らかに東京の方がセミの数は多かった。セミばかりではなく、緑は東京の方が豊かであった。皇居の緑地を筆頭に、明治神宮や代々木公園など大小規模の公園が多数存在することに加え、あちこちに点在している大学のキャンパスも、それぞれに豊かな緑地をもっている。だから、受験のために上京して以来、東京に対する印象はそれまでとは真逆なものとなっていた。東京砂漠や、コンクリート・ジャングルというイメージとは裏腹に、私には東京はきわめて自然豊かな場所に思えた。生きたガマガエルというものの実物を生まれてはじめて見たのも東大の駒場キャンパス構内であったし、故郷では年に数度しか眼にしないキアゲハや、岩手には寒すぎて生息してさえいないアオスジアゲハを、通学のたびに毎日のように眼にした。

そうしたことがらが、道玄坂の路上でセミにとまられた瞬間の私の脳裏に怒濤のように押し寄せ、東京にはかなわない、何をとっても自分の勝ち目はない、との思いが広がって、私を打ちのめしたのだ。ファッションのセンスの良さやそつのない人づきあい、それに授業をさぼってばかりでも何とか試験では合格点をとる要領の良さなど、東京出身の同級生たちは私には到底およびのつかない能力をもっており、それればかりか私の故郷も、生活の便利さや経済的豊かさや自然の恵みにおいてさえ、東京には何一つ太刀打ちできないという敗北感であった。そのようにいっても、多分他人は「何と大げさな」と思うだけであろうし、今の私であれば、自分にとまったセミを笑いながら写メでもして家族や友人に送っていたかもしれないが、上京して一年半、東京というものと格闘していた地方出身の若者の心は、それほどにナイーブなものだったのである。

そうしたナイーブな感覚は、とりわけ言葉の問題に強く表れていた。私は祖母や父など、故郷花巻の方言のネイティブ・スピーカーに囲まれて育っており、また終戦直後に教師として赴任して以来、何十年も花巻に暮らしてきた母も、ほぼ花巻弁に同化していたので、家庭内言語は完全に花巻弁であった。もちろん、小学校以来の学校教育は標準語で受けてきたし、私の世代は小学校一年のときに東京オリンピックがあって、それを契機に普及したといわれるテレビとともに成長してきた第一世代でもあるので、標準語は理解でき、またそれを話そうと思えばそれほど難しくなかった。しかし、上京間もない東北出身のナイーブな青年にとって、自分ははたして「きれい」な標準語を話しているのだろうか、よもや訛ってなどいないだろうか、という恐怖心は、常に頭を離れなかった。

そうした恐怖心から、上京当初は自分の訛りを隠すことにことのほか神経を使い、一言たりともイントネーションを間違えまいと努力していた。「出身どこ？」「岩手です」「えっ、ほんとに？　全々訛りとかないね」などといわれるたびに、内心では有頂天になったものである。そうして半年、一年と過ごすうちに、自分の標準語は完璧だ、花巻弁との使い分けは完全だ、と思えるようになっていた。しかし、気を抜いてはならぬ、常に気をつけていないと、いつ自分の「母語」の発音が口を突いて飛び出すかわからぬ、という緊張感は、その後も数年にわたってつづいていたように思う。

たまには、そうした憂いが現実のものとなることもあった。大学入学後、数ヶ月経ったころであったか、東京やほかの地方出身者のクラスメイトと歓談しているときに、何の文脈だったかは忘れたが、「こたつ」が話題に上ったことがあった。話の輪に加わっていた私は、何の気なしに発した自分の「こたつ」という言葉の発音が、「コタツ」（傍点はイントネーションの高い部分を表す）となってしまったことに気づいて呆然とした。標準語では、それは「コタツ」であるべきなのだが、花巻方言のイントネーションが、つい口を突いて出てしまったのである。あるいは「こたつ」が郷里花巻の冬を連想させ、無意識のうちに郷里のイントネーションに切り替わってしまったのかもしれないが、そのことに気づいた瞬間、私は周囲のクラスメイトたちが私のその奇妙な発音に気づかなかったかと戦々恐々となった。幸いなことに、誰もそれには気づかなかったらしく、会話はそのままつづいていったが、それからの数日というもの、私は再びイントネーションの間違いをしでかすのではないかとの恐怖心から、ふだんより無口になって過ごした。

何もそこまで気にしなくても、と人は思うかもしれないが、東京に出て日が浅く、懸命に東京人のようにスマートに生きたい、少なくとも、訛りや身なりを理由に奇異の眼でみられたくはない、と背伸びしている一八、九歳の若者にしてみれば、そのような些細なことが、しきりに気にかかるものなのだ。もっとも、このような地方出身のナイーブな若者は、高度経済成長期の一九七〇年代八〇年代までの遺物であって、今日ではもはや絶滅した人種なのかもしれない。新幹線ができ、地方のインフラ整備が進み、さらにはパソコンやスマホの普及によってファッションや娯楽やイベントなどの情報に関しても、東京と地方の格差が縮小してしまった現在では、地方から上京したての若者も、それほどの違和感なく東京での生活に溶け込んでゆけるのかもしれない。

言葉に関しても、そもそも最近の地方の若者は地元の方言を話さなく（あるいは話せなく）なった。ここ数年は、花巻でも市街地のみならず周辺の農村部の小学生ですら、方言丸出しでは会話しなくなっている。若者たちが、東京へ出てももはや大したカルチャー・ショックを受けることなく、私のように心の中に葛藤を抱えることもなしに、あたり前に都会での生活に同化してゆけるのだとすれば、それはそれで彼らにとって好ましいことであろう。言葉や行動様式の違いから、都会の生活に馴染むことができなかったり、同調への過度のプレッシャーから一種強迫観念じみたコンプレックスを感じたりするとすれば、東京とふるさとのあいだにある文化的ギャップは、その人にとっては文化資本どころか文化的逆資本と呼ぶべきものになってしまう。ただ、今にして思えば、東京と郷里とのあいだにとてつもなく大きな文化的距離感を感じていた私という一九七〇年代の青年にとって、その距離感こそが自分をふるい立たせ、多少の困難ならくじけずに立ち向かってやるという活力の源にもなっていた気がする。

アメリカのフォークグループ、Peter, Paul and Mary（PPM）が歌って一九六〇年代に流行った「五〇〇マイル」という曲がある。もともとは女性フォーク・シンガー Hedy West の作で、一九六二年にPPMがカバーしてヒットした。歌詞そのものに反戦歌としての意味あいはないが、故郷を遠く離れて旅立つ若者の心境を歌ったもので、ベトナムへ派兵される若者の心情に重ねた歌としても歌われた（その点では、John Denver の曲で同じくPPMがカバーした「悲しみのジェットプレーン」などとも共通する）。私は小学校六年から中学一年ぐらいのころ、よくPPMを聞いていた。

東京駅を基点として、東北本線の路線距離では花巻はちょうど五〇〇キロの位置にあり、五〇〇キロの地点を示す標識が、JR花巻駅の構内に置いてあった。だから、上京したばかりのころ、私はよくこれを「五〇〇キロメーター」と替え歌にして口ずさんでいた。五〇〇キロは、上京したての地方出身者の若者である私にとって、その物理的距離にも増して大きな文化的距離を感じさせるものだった。だが、それはまた東京というものへの一種の反骨心となって、その後の私の人生にとって欠かすことのできない活力を与えてくれたようにも思うのである。

三　広瀬川

プテラノドンの骨格模型が、部屋の中に吊してあったことと、仙台に着く直前に経由した「しないぬま」という駅の名前、それぐらいしか私の記憶には残っていない。小学校の低学年であったはずだが、何故かそのころの記憶は、幼稚園から小学校入学当初までの記憶に比べてもわずかしか残っておらず、はっきりしたことは思い出せない。だが、私がはじめて仙台の地を踏んだのは、多分このときだったかと思われる。

当時の私は、ほかの小学生の男の子たちと同様、恐竜に熱中していた。ことのはじまりは、父が恐竜や古生物の想像図入りの百科事典を私に見せてくれたことだったように思うが、すぐさまそれは当時テレビで放映中の特撮番組「ウルトラQ」に登場する怪獣たちの強烈な印象とない混ぜられて、私には恐竜という実在の古生物と、想像上の怪物である怪獣との区別がつかなくなっていた。

それを見かねて、かどうかはわからないが、母は何かのつてを頼って、東北大学の古生物の専門家のもとに、恐竜の骨を見せてもらいにいってこよう、といい出した。一体どういうつてだったのかわからないし、訪ねた先の先生の名前などもまったく記憶に残っていない。母は高校の地理の教師をしていたので、その関係で地学の研究者を紹介してもらえるルートを知っていたのかもしれないし、あるいは母の実家関係のつてだったのかもしれない。また、それはそもそも仙台の寺に眠る母方祖父の何回忌かの法事のついでであったような気もする。

おそらく骨格模型のみでは、図鑑で見る恐竜やテレビで見る怪獣の「リアル」さを感じることができなかったのであろう。母の思惑とは裏腹に、このときの仙台旅行は、私の記憶には深いインパクトを残さなかったようである。そしてその後、私と仙台との関わりは、小学校六年生の修学旅行で、松島や塩竈を訪れた帰りに立ち寄ったぐらいのものでしかなかった。思えばその約二〇年後に、東北大学に職を得てこの地に戻ってくるとは、その当時の私は知るよしもなかった。しかし、先にも述べたように、母の実家の本家筋は、代々仙台であったから、仙台は私の母方のルーツにあたるゆかりの地ではあった。

母の父親の生家は仙台の土樋にあり、伊達藩の時代には医師として、あるいは茶坊主として伊達家に仕える家筋だったらしい。祖父は次男坊で、東北大の工学部の前身である仙台高等工業学校を出た後、治水の技術者として日本各地の河川改修やダム建設の現場をまわっていた。したがって、母は祖父が阿賀野川水系の改修に従事していたあいだに、会津で生まれている。その後も、祖父の転勤で各地に移り住んだらしいが、小学校高学年時には仙台に戻ってきて片平丁小学校、宮城第一女学校に学んでいる（後に祖父は朝鮮総督府の土木官僚として朝鮮半島へ赴任し、家族も同行したが、祖父は現地にて四九歳で病没している）。だから、母にとって仙台は生まれ故郷というわけではないが、父親の実家がある場所であり、また多感な女学生時代の一時期を過ごした場所でもあった。

当時、母の一家が暮らしていた借家は、東北大学片平キャンパスにほど近い米ヶ袋にあり、故西澤潤一氏（元東北大学総長、半導体・光通信研究の第一人者）の生家のはす向かいであったという。家のそばには広瀬川が流れ、河原に降りて大きな珪化木に腰を下ろし、読書にふけった思い出を、生前の母は私によく語っていた。だからそのことを思えば、私にとって東北大学も仙台も決して無縁の場所ではなく、母方の家系や母の生い立ちと深く結びついた場所なのであった。

そんな仙台の地に、妻と二人で降り立ったのは平成元年（一九八九年）四月一日のことである。おりしも仙台は、地下鉄南北線が開通したばかりであり、また政令指定都市に昇格したまさにその当日だった。私はそれまで勤めていた国立民族学博物館助手の職を辞し、東北大学教養部の助教授として仙台にやって来た。前日に大阪の高槻の公務員宿舎を引き払い、仙台までの長距離移動を行った私たちはひどく疲れていたが、朝の九時過ぎにはエックス橋付近のホテルを出て、片平キャンパスの旧本部棟に職員宿舎の鍵を受け取りにいった。この木造の古い本部棟は、その後も二〇年ほど使用された後、取り壊されて今ではエクステンション棟という新しい建物になっている。

私が赴任した東北大の教養部は、まさに改組に向けた渦中にあった。私の東北大学在任中には、教養部解体、大学院大学化と東北アジア研究センターの誕生、大学院環境科学研究科の設置という三つの大きな組織改編を経験したが、教養部の解体はその中でも最大のものであった。教養部では、赴任した当初から、「教授会」をはじめとする諸会議で、こうした教養部改組に関する議論が延々行われていた。当時の教養部の教授会は、教授、助教授、講師をふくめ百数十人からなる大人数の会議であったので、収容できる会議室などもなく、ふだんは授業に使われている二〇〇人収容の階段教室で行われていた。会議はおおむね長く、昼過ぎからはじまって日没後までおよぶのが普通であった。赴任してまず気づいたのは、教員も事務官も、地元宮城や山形などをふくむ東北南部か北関東の出身者が多く、大教室のマイクの音質の悪さも手伝って、発言が聞き取りにくいということだった。関西人が多かった前職場では、滑舌も軽く話術に長けた人が多かったが、それを聞き慣れた耳には、彼らの話す抑揚の少ない標準語は、やたらと理解しづらく思えたのを覚えている。

ちなみに、このころまでには私の方言コンプレックスは跡形もなく消え去っていた。それは、香港や中国など異文化の地でのフィールドワークを経験したことも大きく影響していたが、前任地の大阪という場所も、私の言語感覚を大いに楽にした。何しろ、関西の人間からしてみれば、東京以遠の地域は皆同じようなものと認識されるらしかった。大阪や京都の人間にとって、「田舎」のイメージは丹波の奥とか和歌山の奥であって、東北の片田舎などは未知の異郷の地でこそあれ、ステレオタイプ化された「田舎」の範疇には入っていなかった。これは、東北人にしてみれば東京で暮らすよりもよっぽど気が楽なことである。さらに仙台に来てからは、皆のイントネーションがどこかしら純正の標準語からズレている場合が多かったので、もはや自分のそれが東京的パターンを多少踏み外そうとも、何も気にする理由はなかった。

東北大学の教養部は、一九九三年三月をもって解体され、その後も断続的に生じた組織改編の中で、私の所属は教養部助教授から文学部附属日本文化研究施設助教授、そして東北アジア研究センター教授へと変わった。教養部の解体と同時に協力講座教員として所属することになった大学院も、最初は国際文化研究科、後に環境科学研究科と変遷した。学外の人からは、私は三十数年間ずっと東北大に居つづけたとだけみえることだろうが、学内ではこのように所属が何度も変わっていたのである。教養部解体という戦後から現在までの大学教育の歴史の中でも最大の制度改変が生じた後は、大きな地震の余震のように改変がつづいて、私はその渦中にいた。そうした変動期にあってつくづく思うのは、自分はここでも再び良き上司、先輩、同僚に恵まれたということである。

東北大に職を得ることになった当初から、当時の文学部日本文化研究施設の教授をしておられた故・杉山晃一先生には、文化人類学の先輩として、また東北大学という組織についての指南役として、大変多くの御教示を給わった。民博での就職経験しかなかった私が、東北大のような巨大組織に無事着地できたのは、ひとえに杉山先生の御陰であったと思っている。また、教養部で私が所属した外国史のセクションには、最後の教養部長を務められた故・渡部治雄先生、古代ローマ史の専門家・平田隆一先生、東洋史の山田勝芳先生がおられた。これらの先輩たちには、それまで大学での教育経験がなく、また東北大学の組織については無知に等しかった私に、教育や事務仕事のノウハウを、手とり足とり教えていただいた。特に山田先生には、日本史の入間田宣夫先生、平川新先生とともに、教養部解体後の文学部への分属、東北アジア研究センター設置時の移籍を通して長期にわたって行動をともにさせていただいた。そのあいだに被った公私におよぶ御厚誼には、何度感謝しても足りるものではない。またこれら三先生とは、大学院教育を担当した国際文化研究科で、一緒に「アジア社会論講座」という講座を組ませていただいていたが、異分野の協働による常に緊張感のある当時のゼミ風景を、今も鮮明に覚えている。

一九九六年五月に東北大の学内共同利用施設として東北アジア研究センターが設置され、その一員となった後も、多くの良き先輩、同僚に恵まれてきた。吉田忠先生、徳田昌則先生、山田勝芳先生ら、歴代のセンター長にはたいへんお世話になったし、この文理融合型の研究組織において、新たに同僚となった理系をふくむ異分野の専門家の方々にも、多くの刺激を受けてきた。文化人類学の同僚としては、後に加わった高倉浩樹氏からとりわけ多くの御厚誼と助力をいただいた。彼のように研究活動においても事務処理においてもきわめて有能な同僚をもつことができたことにより、私が受けた恩恵は計りしれない。

二〇〇七年から二〇〇九年にかけての二年間は、この東北アジア研究センターのセンター長を拝命することになったが、この間に同僚の教員スタッフをはじめ事務スタッフから頂戴した助力の数々にも、今はただただ感謝するばかりである。なにしろ、「長」とつく肩書きは中学二年生時代の学級委員長以来ひさしく背負ったことがなく、一体自分にリーダーシップなどというものが存在するのだろうかと、自問自答しながらの二年間であった。そのことを部局長連絡会議の合間に同席するほかの部局長に話したところ、「いや、少なくとも家庭にあっては家長であろう」といわれたが、「そこが最も確信のないところである」と返答して失笑を買った。家庭内では、子育てにしてもそれ以外のことにしても、私は常に優柔不断で頼りない夫であり父であると思っていたし、飼い猫のスーでさえ、私のことを自分と同等か、少し下に見ているふしがあったからだ。

とにかく、こうしてこれまでの半生を振りかえってみれば、学生時代、民博時代、そして東北大学に職を得てからの各組織所属の時代を通じて、恩師、上司、先輩、同僚に恵まれてきたとつくづくと思う。これについては、自分の精進のたまものとか人徳のいたすところとかいうことはまったくなく、ひとえに運が良かった、恵まれた星の下に生まれついた、としかいいようがない。そのことを思うと、あらためて感謝、感謝である。

幼少期から大学時代までは、疎遠な地でしかなかった仙台ではあるが、もとをたどれば私の母方のルーツであり、母方祖父母も仙台の北山の寺に眠っている。だから、私が東北大に職を得たことも、深い縁を感じざるを得ない。これも先祖の引きまわしというべきものかもしれない。それもあって、私は毎年の春秋の彼岸には、かならず祖父母たちの眠る北山の墓を拝みにゆくことにしている。お盆は父方の墓参りに花巻にいっていることが多いのでゆけないが、両彼岸であれば大概は仙台にいるので、それらの日に参拝にゆくことに決めている。

ただ、そのように母方のゆかりの地であり、また東北大に赴任して以来、既に三〇年以上も人生の主要部分を過ごしてきた仙台の地なのだが、岩手に生まれた私としては、仙台に対してはいささか複雑な思いがあるのも事実である。岩手、特にその旧南部領の人間にとっては、仙台や伊達藩に対するイメージはかならずしも良好なものばかりではない。旧南部領の岩手県人のセルフイメージは、おっとりしていて口べたで実直なお人好しといったものだが、それは主として旧伊達領の人間との対比で語られることの多いものである。そのことを如実に表現した伝承があって、かつて南部と伊達がその藩境を決定する際、双方の藩主が盛岡と仙台から同時に出発し、出会ったところを境界にしようと約束した。南部の殿様は、牛に乗ってゆっくりやってきたが、伊達の藩主は馬を走らせてやってきた。そのために今の岩手県の北上市の南あたりまでが、伊達の領地となってしまった、というものである。

こうした説話は、私も実際に幼少期から聞かされて育ってきた。母は仙台系の人間のはずだが、彼女もこうした両県民の性格の違いは否定せず、「岩手の人はのんびりしているからねえ」などともいっていたのを思い出す。はたしてそのような県民性の違いが実際にあるのかどうかについては、油断のならない岩手県人、おっとりして気弱な宮城県人を何人か知っている私は甚だ懐疑的だが、それでいて仙台ばかりを東北の雄、東北の代表格だとみなす言説に遭遇すると、何だか釈然としないものを感じてしまうのも事実だ。仙台市に所在する東北大学に奉職していながらこういうことをいうのも何だが、仙台を本拠地とする放送局や球団などが「東北」を名乗ることには、「勝手に東北の代表面されてもなあ……」という違和感がどこからか首をもたげてくる。

おおよそ、地方出身者の前では隣の県のことを褒めないのが鉄則である。東京の人間たちは、相手が岩手県出身だとわかると、「去年、松島や十和田湖、いったよ。東北はいいとこばかりだよね」などともち上げてくることも多いが、岩手の人間には宮城や青森のことを、金沢の人間には福井や富山のことを、京都の人間には大阪や神戸のことを褒めそやさない方が無難である。それは思わぬ反発を招くこともある。

なんと矮小な村人根性か、と思う人もいるに違いないが、私は中国でのフィールドワークを通じて、こうした心性が、何も日本の東北などの地方に特有のものではなく、かなり普遍性をもつものであることを知っている。そうした偏狭な郷土愛に縛られないコスモポリタンな心性の方が自由で心根が広くて格好よくは見えるが、それでいて何だかそれではつまらないという気がするのは私だけであろうか。ナショナリズムに対置される意味でのパトリオティズムは、人間にとってそれ自体かなり自然で普遍的なもののように思えるし、少なくとも私は、それをテコにして自分と他者との文化的距離を測り、同時にそうした他者に対する興味を形成してきた。そうした他者の異質性に対する違和の感覚が、皆無であったりごく軽微なものでしかなかったりするとしたら、どうやって他者に対する興味を自分の中に醸成することができるだろう。

もちろん、差別や排除につながるような強烈な他者への違和感は、有害以外の何ものでもないであろうが、自分が所属する文化的コミュニティーの輪郭を意識し、それへの愛着を感じること自体は、あらゆる文化・社会現象の研究にとっての根幹をなす、不可欠の感受性の源であるように私には思える。

四　華南

山に降った雨は、谷間を流れ下る小川となって平野部にいたり、それが幾本か集まっていく分大きめの川となるが、ほどなく海への出口に達し、茫洋とした海洋へと放たれてゆく。山と海のあいだの距離は近く、コンパクトな平野部の中央に形成された県城（県の中心都市）のまわりには、見渡すかぎりの水田が広がっている。福建省から広東省の東部を経て香港にいたる地域は、中国の海岸線の中では例外的に巨大河川が発達していない地域のひとつで、比較的距離の短い河川が、海にせまった山地からいく筋も平行して流れ出ては、海までのあいだにそれぞれ小さな河谷を形成している。海豊県はまさにそのような広東省東部の一県であった。

最初にこの地域を通りかかったのは、改革開放政策が本格化して間もない一九八七年のことであったと記憶している。当時私は、末成道男先生、川崎有三氏とともに広州から泉州への調査旅行のため、長距離バスで華南の海岸線を移動しようとしていた。同じ研究室の大先輩で、当時東京大学東洋文化研究所の教授をしておられた末成先生には、私の最初の香港調査のあいだにも、またその後の科研費による中国本土での調査においても、同行させていただく機会があり、先生のインタビュー調査のノウハウを、私は実地に学び取ることができた。このときも、科研費の共同調査で御一緒させていただいていた。

バスは夜行バスで、夕方の広州を出発すると、海豊では既に日は暮れて、県城のバスターミナルの周辺には、バスの客をあて込んだ自営の屋台店がぽつぽつと営業しているのみだった。薄暗い裸電球のもと、小さな屋台の軒先には、食材とする帯状の肉片一本と糸瓜か苦瓜と思われる野菜が一個だけ鈎に吊してあった。その背後では、調理中の中華鍋の隙間から、石炭を燃やすコンロの火がうす暗闇の中にちらちらと見えた。改革開放政策がはじまって計画経済によらない経済活動が勃興する中、まだ人々は深い試行錯誤の中にあった時代であり、この夜行長距離バスでも、海豊を過ぎて汕頭《スワトウ》に近づく手前で、密輸物資の摘発のための抜き打ち的な手荷物検査があった。

その後も、広東省の東端部の潮州地区でのフィールドワークのゆき帰りなどに、何度かこの場所を通りかかることはあったが、海豊そのものを調査地としたのは二〇〇〇年になってからであった。この海豊県での調査が実現できたのは広東省民族研究所（当時）の所長を務めていた馬建釗氏の御陰である。海豊県は彼の父方の故郷であった。ほかにも、私の中国本土での調査の多くは、彼の助力のもとに実現したといって過言でない。馬建釗氏とのあいだに築いた個人的な友人関係は、私の人生にとってかけがえのない財産である。

二〇〇〇年の調査のころになると、既に中国全土で経済発展は軌道に乗り、海豊でも山を削り田園を埋めて高速道路が通り、農村部にも工場ができて、人々の生活は格段に豊かになっているようにみえた。それでもこの海豊のような華南の沿海部や山間地の小平野には、どことなく日本の田園風景を思わせるものがあり、華中の途方もなく広い水郷地帯の風景や、華北の果てしない平原の風景とは違って、自分には何か懐かしい風景である。

私は文化人類学的な中国研究にたずさわってきた身だが、中国研究といっても中国全土を隈なく対象としているわけではない。北京をはじめとする北の方のことや、西安、四川、雲南といった内陸のことは直接的にはあまりよく知らないのだ。私が自分のフィールドとしてきたのは、おもに広東省と海南島のみである。そうした中国南部・華南の魅力は何かと問われるならば、小さな地域ごとに多様なものが共存し、持続している点だ、と答えるだろう。日本の農村の原風景に似た水田とその背後に丘陵地が広がっている景観もさることながら、それればかりではなく、華南には一山越えればそこには別の方言が話されていたり、隣の水系では祭る神様や親族組織の発達の仕方が微妙に異なったりと、細々した多様性がある。

このような多様性は、華南の沿海部はもとより、その内陸部からインドシナ半島にかけての広い地域の共通性でもあると思われる。華南の内陸からインドシナ半島の山岳部では、そうした多様性は民族の多様性となって表れ、たとえば山間盆地から山地の標高の高いところまで、標高差によって多様な「少数民族」が住み分けていたりする。華南の沿海部（広東省、福建省、広西壮族自治区、海南省など）は、内陸側を中心に少数民族も住んでいるものの、多くは漢族（漢民族）の居住地であり、一見そこには文化の多様性など存在しないかにみえる。しかし、実は漢族というものそれ自体が実に多様なのだ。

漢族を一つの民族と考えれば、人口一二億人を上まわるそれは間違いなく世界最大の「民族」ということになる。ただ、世界中にはいわゆる「少数民族」と呼ばれる人々と、そうは呼ばれない「多数民族」とがある。それは単にそれぞれの国や地域における人口比率の多寡の問題であるばかりではなく、両者間には往々にして民族集団の境界やその内部的な多様性の点で性格の違いがみられる。多数民族はどこか境界がアバウトで、内部的には地域差や階層差その他の多様性が著しいことが多い。少数民族の側は、その民族「固有」の言語、宗教、衣装、食物など、比較的明確な特徴を堅持している人々が多いのに対し、多数民族の方は、どういう格好で何を生業としているからその民族だ、という明確な指標に欠け、場合によってはいずれの少数民族でもない人々が、漠然と多数者としてまとめられているだけの場合もある。こうした多様なものを併呑する性質こそが、多数民族をより多数にしてきたメカニズムの一つなのであろうとも思われる。

華南沿海部も、明代までは平地部にはタイ語系そのほかの水田耕作民が、また山地にはヤオ族など焼き畑耕作系の生業を営む人々が居住していたともいわれており、それが徐々に漢族に取り込まれて現在のようなほぼ漢族だけが住む地帯と化したと考えられる。華南地域の文化的な多様性は、こうした過去の状況の名残とも考えられる。今日でも大きく分ければ、広東省の平野部には広東語系の方言を話す人々が、また福建省の平野部には福建語系の方言を話す人々が、そしてそれらの内陸や丘陵地帯には客家語という別の方言を話す人々が住んでいる。

しかもそれはもっと局地的なレベルで入り乱れており、たとえば香港新界のような狭い地域でも、広東語を話す村と客家語を話す村がモザイク状に混在している。私が一九八四年の最初のフィールドワークで住み込んだS村は客家の村だったが、隣の村は広東語の村だった。また、海豊県でも、県内には福建語系の方言である海豊話を話す村と、客家語を話す村、さらには広東語系の尖米話《チエンミーファ》という方言を話す村とが入り乱れて存在していた。さらにもっと複雑なのは海南島の西北部の儋州・臨高地域で、面積、人口とも日本の和歌山県ほどの地域の中に、漢語の方言だけでも七種類の別々の言葉を話すコミュニティーが並存している。

これらの中には、明代やそれ以前から住んでいた先住民の言語の痕跡をとどめているものもあるだろうが、多くはほかの地域からの移民で、同じ漢族でも違う地域からやってきて住みついた人々は、それぞれ別の方言を話す言語コミュニティーを維持しつづけているのである。ここでいう漢語の方言というのは、少々訛りが違うという程度のものではなく、かなり根本的に違っていて、互いに意志疎通できないレベルのものが多い。たとえば広東語と福建語はほとんど外国語のように互いに通じない。中国でも長江から北の各地は、北方漢語と呼ばれる比較的均一性の高い言葉が話されており、その中には訛りの違いがかなり大きいところもあるが、基本的には北京語や標準中国語からの類推が効く範囲内である。それに対し、中国東南部の各地には、そうした北方の漢語とも、またほかの中国南部の漢語方言どうしでも、ほとんど理解が不可能なほどに異質性の高い方言が話されているのだ。

広東語と北京語は、ヨーロッパにもっていけば完全に外国語どうしといえるほど異質で、少なくとも英語とフランス語のあいだの差異程度には異なっていると思えるほどである。漢字は表意文字なので書き言葉では容易に通じあうが、話し言葉では意志疎通がままならない。その点では、広州の広東語だらけの環境にいきなり放り出された北方生まれの中国人の困惑は、われわれ日本人がそこで体験するそれとあまり変わらぬことになる。

このように異質な方言が、人々の歴史的な移住の結果として各地に残存し維持されつづけているところが華南地域の特色である。当然それは言葉の問題だけにはかぎらない。そのほかの食べ物、祭っている神様、年中行事、家屋の形式、祖先祭祀のやり方や族譜の書き方にいたるまで、それぞれの地域には独自の習慣があって、近隣地域とは違っていたりする。一山越えれば言葉も違い習俗も違う、というのが華南の特色であり、また魅力なのだ。それを可能にしているのは、やはり地形の複雑さだろう。華北や長江流域のようにだだっ広い平原のつづく地形とは異なり、丘陵地帯に中小河川によって穿たれた小盆地空間が点在する華南では、それぞれの小地域が、独自の地域文化を育み維持する揺籃となっている。

私が、宗族とならんで研究のもう一つの柱としてきたのは、エスニシティーの問題である。エスニシティーとは、「民族性」と訳されてしまうこともあるが、むしろ民族集団間の分化や融合などの諸現象を総合的に表す概念といった方が正確である。私がおもに関わってきたのは、漢族とそれ以外の少数民族とのあいだの関係ではなく、漢族内部の地域的な文化集団間の関係や、そうした集団のもっている自己意識に関する研究だった。これは私の最初の調査地である香港新界のS村がたまたま客家の村であったことから、博士論文の中でも言及することになったテーマであり、それはさらに私の二冊目の著書『客家―華南漢族のエスニシティーとその境界』以来、多くの論文や単著で論じてきた問題である。

　こうしたエスニシティー、それも同じ漢族の中の方言の相違や細かな地方文化上の相違から生じる自／他の区分意識などの問題は、淵源をたどれば私自身の生い立ちとも密接に結びついている気がする。岩手の花巻出身である私は、自分の話す言葉がほかの地域の人々の話す日本語とは異なる方言であることを若いときから絶えず意識してきた。しかも、そうした方言の違いは、数キロ離れた隣町とのあいだにも存在し、また一山越えた周辺の村とのあいだにもあった。それは単に、自分のもっている文化が社会のマジョリティーのもつそれからみればややズレたものであるという認識だけにはとどまらず、そのズレによって他地域の人々を他者として認識し、ズレの程度によりそれらの人々とのあいだの文化的な距離を測ることをもふくんでいた。だから、華南の微細な川筋や小盆地空間に点在する多様な地域文化と、その中に暮らす人々のもつ感覚は、私にはそれなりに共感できるものに思えるのだ。

　おそらく、東京に生まれ育った者には、この微妙な感覚はなかなか理解しづらいであろう。他者が話している言葉と自分の話している言葉との違いの程度を敏感に感じ取り、それが鍵穴に鍵が収まるようにぴったりと一致したときには、この人は私と同郷の出身に違いないと確信する。違いが軽微ならば、これは同郷者ではないが、どこか近い地方から来た人であろうと認識する。まったく異質で、しかも標準語からも遠く異なっていれば、これは遠い地方から来た人だろうと推測する。そのような文化的な距離感を、僅かなイントネーションの違いや母音の特徴などから感じ取れるのは、やはり地方出身者のみであろう。

こうした方言や地方文化の相違そのものや、それに基づいて自／他を区分する意識は、地方から都市へ移住したり出稼ぎしたりした人々のあいだでは顕著に現れる。たとえば、広東省の海豊県の人々は、二〇世紀の半ば以降、多くが香港へ移住したり出稼ぎしたりするようになった。香港では、こうした中国各地からの移住者およびその子孫たちが現在の人口の大半を形成している。移住した第一世代たちは、当然ながら故郷の方言のネイティブ・スピーカーであり、そうした使用方言の相違から、二〇世紀半ばの香港都市社会にはいくつかの言語グループが区別されていた。相手が「きれい」な標準的広東語ではなく、訛った広東語を話していることは、彼らどうしのあいだでは一言聞けばわかることであり、さらにそれが自分の故郷の方言を話す者であることがわかれば、同郷人として親近感を覚え、ひときわ会話を弾ませたりすることも多い。一九六〇年代から八〇年代の香港には、こうした同郷者の互助組織である「同郷会」が発達し、各所にその寄りあい所のような施設「会館」が設置されていた。

こうした香港住民中の言語グループの中でも、海豊県出身者は特別な位置を占めていた。一九八〇年代の香港で、主要な方言グループといえば、広東語系の諸方言の話者、客家語系の諸方言の話者、それに広東省の東端部の潮州語（福建省南部の閩南方言と共通性が高い福建語系の方言）を話す者たちの三グループだったが、海豊県や隣の陸豊県の方言はこの潮州語の中のさらに特殊なサブ方言として区別されていた。「海陸豊人」と総称されるこの地域からの移住者は、当時の香港ではほかの地域からの移民と比べて比較的新しくやってきた人たちで、特に貧しく、きつい労働に従事している人々が多かった。

S村の中にも、海豊県出身の若者が農機具小屋の一室を借りて住んでいて、既に農業放棄した村の李姓の人たちから僅かばかりの土地を借り、生菜《サンチョーイ》（レタスのこと）や白菜《パクチョーイ》（チンゲンサイに似た小型の葉野菜）、芥藍《カーイラーン》（チャイニーズケール）などを育てていた。既にほとんどサラリーマンや海外出稼ぎ者の扶養家族と化したもとからのS村の住人たちとは違い、二十歳そこそこのその若者はたいへん勤勉で、一日中汗を流して働いていた。おそらく、彼は単身で故郷の海豊県を離れ、香港に密航して自分の人生を必死で切り開こうとしていたのであろう。S村がある八郷は、海豊と同じ華南の沿海部の、丘陵地に小川によって穿たれた小盆地であったが、彼はS村の背後に連なる観音山や大帽山の山なみやそこから流れ出す錦田河のせせらぎを、海豊の蓮花山の山塊やその麓を潤す大液河の面影に重ねて、密かに故郷を懐かしんでいたに違いない。

中国の華南、その広東省や海南省をこれまでフィールドとしたことは、偶然といえば偶然で、それほど深い理由があったわけではない。最初のフィールドワーク地として香港を選んだことが、その後背地としての広東省一円、そして海南島での調査につながった。だが、今にして思えば、華南の地の地勢や、そこを古里としながら香港や海外への出稼ぎ者となったその出身者たちの心性には、自分にとっては少なからず共感できるものがあった。学術研究にそのような共感が必要であるのか否かについては、多様な考え方があろうが、私自身は人間の文化・社会を対象とするかぎり、そのような感性のレベルにおける共振のようなものは、不可避であるし、また不可欠のものであると思っている。

五　ンゴーイローイヤン

S村のもともとの村人は、張、李、曽の三つの姓と、ほかに陳姓の二世帯、劉姓の一世帯の約六〇世帯の人々のみで、それ以外の者はS村の正式の村人とは認められていなかった。香港には、第二次世界大戦後、特に中国本土で中華人民共和国が成立して以降、政治的・経済的理由で中国本土の各地から多くの人々がわたってきて住みつくようになった。彼らはおもに九龍都市近郊のバラックの住民となったが、一部はS村のような香港新界の農村部にも住みついていた。S村にも、海豊県から来て野菜作りをしている若者や、陸豊県出身の小農園経営者一家、広州近郊から来て村内唯一の「士多《シートー》」（雑貨屋、英語の store の音訳）を経営している一家、潮州出身のバス運転手の一家など、さまざまな移住者が住んでいた。

彼らは、もともとの村人たちからは「外人《ンゴーイヤン》」または「外来人《ンゴーイローイヤン》」と一括して呼ばれていた。村長の被選挙権や選挙権をもたないことはいうにおよばず、そのほかの面でも村のメンバーとは一切みなされておらず、たとえば村人たちの冠婚葬祭には彼らはほとんど呼ばれることがなかった。村人が賑やかな結婚式の祝宴を自宅の前庭で開催しているあいだも、こうした外来人たちはそれらがまったく目に入らぬかのように、黙々と畑仕事に没頭したり、あるいは借家の中でラジオに聞き入ったりしているのだった。

村人たちの側からすれば、こうした外来人たちは一時的に家屋や土地を借りて住んでいるだけで、そのうちどこかへ引っ越してしまうよそ者とみなされていた。ちょうどそれは日本の都会のアパートの住人のようなもので、大家や近隣の古くからの住人は町内会のメンバーとして先代、先々代からのつきあいがあるが、アパートにその時々で住み代わる住民たちは、一時的な住人に過ぎず、町内会の正式メンバーとはみなされていない、というような状況に似ている。

私は、フィールドワークの場所としてこのS村を選び、その村長が以前に住んでいた古い住宅を借りて住み込んだ。したがって、私自身も村人たちにとっては「外来人」の一人であった。日本でも特に最近の都市部では、隣近所に誰が住んでいようとほとんど気にもとめないという無関心があたり前のこととなっているが、かつての日本の農村の感覚でいうと、そもそもまったく縁故関係のない者が村の中にやってきて住みつくという状況自体が考えにくかったし、仮にそういうことが生じれば、新来者は熱い好奇のまなざしにさらされたであろう。場合によっては周囲からの執拗な監視のもとにおかれたに違いない。しかし、S村に暮らしてみると、意外なほどに村人からの干渉も注目も受けなかった。

それは、中国本土から多くの外来人がやってきて借家人、借地人として住むようになったという二〇世紀半ば以降の香港の社会変化の結果であるようにもみえるのだが、かならずしもそうとばかりはいえないようにも思われた。なぜなら、もともとの村人を構成する五つの姓の人々のあいだでも、自分と直接関係のないほかの姓の人々の行動には、彼らは互いに無関心で、話題にさえ上らないことが多かったからだ。香港新界の宗族の発達した村で調査をしたほかの欧米人の人類学者も、これをunconcern（無関心）と呼んで注目している（Baker, Hugh 1981 *Ancestral Images Again*. p. 129. Hong Kong: South China Morning Post）。たとえば、同じ親族の者であっても、葬儀の場で喪に服して悲嘆にくれるのはそうすべきと定められている近親者のみで、それよりも関係の遠い者は、その場に同席していても談笑したりスナックをかじったりしていることが場違いな行為とはみなされないのだ。

つまり、中国人の人間関係には、関係の濃さ薄さにしたがってあらかじめ社会通念的に定められた行動の仕方があり、その規範上無関係とみなされる者は、たとえ同じ場を共有していても、反応したり影響されたりする必要がない、と考えられているのである。その反面、関わらなければならない関係にある者どうしは、たとえ個人的な感情としては好きであろうときらいであろうと、一定の規範にしたがってつきあわなければならないとみなされている。たとえば、妻の実家など姻族の住んでいる場所の近くを通りかかることがあると、かならず手みやげの一つももって立ち寄らなければならないと考える者が多く、そうしたちょっとした贈り物のやりとりが、日常的に実に頻繁に行われているのである。そうした点が、欧米人の人類学者からみても、また私のような日本人の目からみても、明らかに印象的に映るのである。

このように関係のある者とは色濃く密に関わり、無関係の者はかぎりなく無視するというルールの発達した社会では、外来人として村に住み込んだフィールドワーカーは、変な干渉を受けずに暮らしやすい反面、そのままではいつまで経っても村の人々に相手にしてもらえないという危惧に苛まれることになる。そこで私は、ことあるたびに村人に挨拶をしたり質問をしたり、人々のやっていることに首をつっこむ努力を重ねる必要があった。それは彼ら中国人の感覚からすれば、村人とは関係のない外来人のくせに、その境界を越えていちいち覗きにくる変なやつ、と思われたに違いない。その意味では、私は一般の外来人ではなく、外来人のさらに外側の人間とみなされていた。中国人ではない外国人であるということを理由に、彼らも徐々にそのような「変なやつ」の扱いには一定の理解を示すようになった。

そのようにして、いったん彼らの側の対人関係のルール、つまり無関係の者には必要以上に関わらない、というルールを乗り越えてしまうと、彼らの側も無関係である私という異分子のふる舞いや知識について、好奇の目を向けるようになり、さまざまな質問を私に浴びせるようになった。本当に漢字は読めるのか、箸はちゃんと使えるのか、日本の男は今でも「大男人《ダーイラームヤン》（亭主関白）」なのか、日本人は女でも麺を音をたててすすって食べるのか、家の中にはみんな畳が敷いてあるのか、中森明菜に会ったことはあるのか、などなど、彼らの私に対する（というより日本の生活や時事情報、芸能事情に対する）興味はつきなかった。もちろん、それには日中戦争がらみの話題もついてまわった。

今でも日本人の中には中国を植民地にしたいと思っているヤツはいるのか、天皇や中曽根康弘は日中戦争を本当に間違いだったと思っているのか、お前の故郷は原爆の落ちたところからは遠いのか、お前は「教科書問題」をどう思っているのか、などなどのかなり重たい質問を浴びせてくる村人もいた。第二次世界大戦中には、日本軍は香港を占領していたから、当時の直接的記憶も残っていた。S村の李姓の一族自身、日本による占領時代に族譜をもってゆかれて、それ以来自分たちには族譜がないんだ、と主張していた。もっとも、ほかの村々を調査して歩いた経験からは、族譜が別の理由で散逸したり行方不明になったりした場合でも、日本による占領時代に没収された、というストーリーにすり替えられている場合があり、S村李姓一族の場合も、本当に「没収」されたのかどうかは定かでない。没収をおそれて誰かがもち出して所在がわからなくなったのだ、と主張している者もいた。

ただ、同じ地区の別の村では、日本占領時代に日本軍による虐殺を受け、もともと四つの姓が住んでいた村には、今日では三姓しか住んでいないとか、別の村では、皆殺しになった一族の最後の生き残りのお婆さんが最近まで生きていた、などという話は聞かされていたので、多少の誇張や脚色が加えられている可能性はあるものの、そうした伝承のもととなるような事実は実際に地域内のどこかには存在したのだろう。日本による占領時代に使われた日本人に対する広東語の蔑称も、戦後数十年経ってもなお死語とはならず、ときおり使用されていた。顔見知りになれば、面と向かってそれを口にされることは少なかったが、はじめて訪れる村などでそうした蔑称を浴びせられるときには、ひどく悲しい思いになったものである。

このように、日本人が中国人社会、あるいは中国ばかりではなく、かつて侵略したアジアの近隣諸国で、フィールドワークを行うということは、それなりに重たい歴史的な背景を引きずることになる。はじめのうちのごく浅いつきあいであれば、彼らは余り深くそうした歴史には触れてこないが、つきあいが深まってゆくと、タマネギの皮を一枚一枚剥くようにそうした歴史の重みの核心に向かってゆかざるを得ない。その意味では、われわれ日本人の研究者は、ほかの国から来た、たとえば欧米人のフィールドワーカーなどとは違って、ただの外来人にはなれない重荷を最初から背負っているともいえる。

もちろん、ここで私が書いているのはおもに一九八〇年代の私の最初のフィールドワークのときの話だ。その後時間も経過し、日本でも「戦中派」がもはや一握りとなって消えつつあるように、こうした周辺諸国でも日本の侵略行為の直接的な体験者はごく僅かとなっている。したがって、私のこうした経験自体が既に歴史的過去に属するという見方もあるだろう。ただ、日本人の人類学者がアジアの近隣諸国でフィールドワークを行う場合、そうした過去の歴史のしがらみがないほかの地域を調査地として選択するのとは違って、そのような「重たさ」をどこかで感じることは、避けられないことだと思う。また、そうした「重たさ」に気づくための予備知識や感受性をまったくもちあわせていないとしたら、少なくとも私は、そのような者のことを同胞としてあまりに恥ずかしいと思う気もちを禁じ得ない。

文化人類学者は、そのフィールドとしてなぜ外国の異文化の地を選ぶことが多いのか、異文化のことを自分の母語でない言葉であれやこれや調査したところで深い理解は得られず、それよりは自国のことを研究したら良いのではないか、と問われることがある。これには一理ある。言語の修得度だけの問題ではなく、そもそもその社会その文化については、生まれたときからそこに暮らしている現地の人の方が、はるかに多くのことを知っているわけだから、その研究も、他者が行うよりも、現地の者に任せれば良いという考え方ももっともだ。欧米などの先進国の研究者だけが学術研究を行う主体であり、そのほかの地域の人々は研究される対象だというのは、如何にも欧米人が世界中に植民地を作って支配していたころの知のあり方であり、いわゆる「植民地主義」批判を経て、そうした考え方は既に過去のものとなりつつある。今や現地の文化の研究は、その地の出身者に任せればよく、他国の研究者が現地の知識や技術や芸術について代弁者のふりをして勝手に語ったり論じたりしてしまうこと自体、現地の人間が自らの文化を発信したり資源化したりしてゆく権利を、潜在的に奪う行為だという批判もある。

ただ、ここでいう「現地の」という言葉がくせ者である。その場所、その地域に生まれ育てば、本当にそれだけでその地の文化や社会について深く理解していることになるのか、あるいは、本当にその文化について代弁したり、学術的、商業的資源として利用したりする権利をもっているといえるのかについては、考え出すと切りがなく、そのようでもあるがかならずそうともいえないという、一種の無限ループに陥る問題である。たとえば、日本人だから日本の民俗に詳しいかといえば、都市の生まれの日本人は農村の伝統習俗については外国人とほぼ同等に無知であったりする。そのような都市の日本人が、日本の民俗文化を自文化として語る資格があるのかははなはだ疑問である。そもそも、民俗学なる学問の起源は、都市生まれの上層知識人が同じ社会の中の民衆が行っている慣行に興味を向けて研究した、れっきとした他者研究なのだ。さらに、現地のコミュニティーの中の誰かが、研究者やその他の知的ブローカーとなって自分たちの文化を代弁したとして、その者の行為が地元のコミュニティー全体に等しく利益をもたらすものである保証はない。

結局のところ、世界中いずこの地域やコミュニティーであろうと、その文化的・社会的慣行に「価値」が付与されるためには、常に何らかの外部からのまなざしの介入が不可欠である。ある少数民族の文化が学術的に価値あるものとして注目を集めたり、ある土地の民俗が観光資源などの商業的価値のあるものとみなされたりするのは、決して当事者にとっての自文化の日常の実践行動だけから生じるものではなく、研究者という他者や、外部からの観光客という部外者のまなざしがあってはじめて成り立つものである。

われわれ文化人類学者の学術的なまなざしも、そのような外からのまなざしの一つにほかならない。たとえ中国人が中国文化を論じる、日本人が日本文化を研究するという自文化研究であっても、それは、対象を客体化して学術研究という外の文脈によってそれに価値を付与する行為以外の何物でもない。そう考えれば、その地に生まれ育った者以外がその地の文化について記述したり分析したりすることは、かならずしも著しい不利ではなく、また現地の人々の優先権に対する深刻な権利侵害でもないことは明白である。むしろ、外部の者であるからこそそこに興味を見出し、価値を付与してゆくことが可能なのだ。その結果生み出された価値が、ベストセラーの著書となって個人的蓄財に貢献したり、観光産業の振興を通して外部資本による搾取に寄与したりするかどうかは、また別次元の問題である。そうした結果の次元において、地元の人々に利益の還元がなされるよう、「フェアトレード」の促進に努めることは意義のあることだろうが、それをあらかじめ学術研究の次元にもち込んで、部外者による研究をあたかも知的な侵略行為の一部であるかのようにみなすことは、一種の原理主義である。

ところで、日本人がそうした部外者として中国の文化・社会を研究する場合、それは欧米人など東アジア以外の部外者がそれを研究するのとは、その部外者としての他者性に違いがあることは明らかである。一つは、先に述べた歴史的しがらみであり、日中戦争などの「重たい」過去の存在によるネガティブな価値を帯びた他者性がそこに不可避的に介在してくる。しかし、そればかりではなく、明らかにポジティブな側面もそこにはあるのだ。漢字の概念を習得しながら育つ日本人は、現地の漢語の諸概念の意味を、それなりに容易に推測できる有利さをもっているし、たとえば位牌や祖先祭祀の供物、書かれた系譜、親に対する「孝行」の観念など、中国の父系親族儀礼を理解するために必要な舞台装置や基礎概念の多くは、あらためてゼロから学ぶ必要もなく、われわれの知識・経験の中に存在している。

さらに学術的なレベルでは、日本における分厚い中国史学や中国思想研究の蓄積は、われわれが中国研究を思い立つ以前からわれわれを中国についてそれなりに物知りな状態にしている。これは、漢学の素養がより豊富であった明治から戦前までの知識人についてはなおさらであったことだろう。今でも「漢文」が「古文」とならんで「国語」科目の一部に数えられているように、われわれにとって中国の古典的知識は外国史や外国思想の範疇に属する知識ではなく、われわれ自身の古典の一部なのだ。こうしたことが、われわれ日本人の中国研究者の「他者性」を、欧米人のそれとは根本的に別のものとしているのである。

フィールドのS村における私は、確かに「外来人」の一人ではあったが、その中ではかなり特殊な外来人であった。外来人としての他者の目を通して、私は彼らの文化・社会を客観的に記述し、他国の人々にも理解可能な形で提示してきた。S村でのフィールドワークの結果は、結局のところベストセラーにも結びつかず、村の観光開発や歴史的名声の向上に寄与したわけでもなかったので、私の研究が現地におよぼした影響はプラスにもマイナスにも皆無であったが、私はこの小さな村に暮らす人々の社会関係や価値意識などについて、外来人としてはそれなりに深い理解に到達できたのではないかとは思っている。

文化人類学とは畢竟、他者を通しての自己の研究、自己を通しての他者の研究といえるであろう。対象を理解すれば理解するほど、人間として共通している部分への共感は深まってゆくが、それでもなお、対象との距離感、自分と彼らとの異質性は残る。他者と共感できる感性は大事であるが、そうした距離感、異質性への感受性もまた、大切なものに思える。同業の文化人類学者の中には、自分がいかに現地社会に溶け込んだか、いかにフィールドの人々と違和感なく同化したかを強調したがる者もいるが、それは所詮、錯覚に過ぎないものだと思っている。

若いときからの体験を通して、故郷の方言と標準語の違いに代表される文化的な距離感というものに、私は人一倍敏感に育ってきた。その私が、外国のフィールドの異文化の環境に身を置くことになれば、当然ながらそこに乗り越えがたい違和感や距離感を覚えることになる。しかしながら、他者としてのそうした感覚があったからこそ、私はS村の人々の営為や思いを、客観的に分析的な言葉で記述することが可能だったのだと、今にしてみればそう思う。その意味では、共感とともに違和の感覚や距離感も、他者を理解するためには同じ程度に重要なものであるに違いない。外来人は所詮、外来人でしかないが、外来人にしか見えない村の姿というものも、確かにそこにはあった。

教育者とネコ

一　スー

飼い猫のスーの死から、もうじき一〇年になる。スーの最期の日のことを思い出すと今でも辛い。前日から何やら調子が悪そうで、飲み水の入った皿の前でうずくまっていたが、夜になるとさらに容態は悪化し、夜通し喘ぐ状態となった。翌日、朝一番で近くの獣医のもとへ連れていったが、内臓に腫瘍があり、きわめて深刻な状態で、一日もつかどうかは保証できないと告げられた。それまではまったく元気だとばかり思っていたので、まさに青天の霹靂であった。当日仕事の予定があった私は、保温器つきのペット用ＩＣＵにスーを託し、そっと身体を撫でてやって別れを告げ、職場へ向かった。午後遅くなって、危篤との知らせが入ったが、獣医のもとへ駆けつけたときには既に息を引き取った後であった。

段ボールでできたペット用の棺に入れられたスーを運んで自宅に戻った私は、ただただ悲しかった。自分でも信じられないほど悲しく、年甲斐もなく声を上げて泣いた。私は、祖母、父、そしてこのスーの死よりは後のこととなるが母と、肉親の死を三度経験している。だが、ストレートな悲しみの感情としては、このときのスーの死が、もっとも単純で強烈な悲しみだったようにさえ思う。親の死などに際しては、純粋な悲しみの感情以外にも、故人とのさまざまな思い出が錯綜し、愛着や思慕の念に加えて悔いや呵責など、複雑な感情が渦巻き過ぎて、ただ真っ白な悲しみの中に没頭するというわけにもゆかなかった。それに、葬式の準備だの親戚との応対だのという慌ただしさに包まれて過ごす人の死の場合には、そうした感情を発露するいとますらかぎられている。その点、ペットのスーの死は、そうした人の葬儀につきまとう喧噪を伴わないものだったこともあってか、ただただ純粋に悲しかった。

　スーはもともと野良猫の生んだ子猫で、母猫に連れられてほかの三匹の兄弟姉妹たちと一緒にうちの庭に出没していたが、ミルクなどの餌をやったせいで、いつしか頻繁に現れるようになった。白と黒のブチのナオ、黒猫のジジ、雉トラ模様のトラ、サバ白模様のチビと、わが家ではその四匹全部に名前をつけて、当時使いはじめたデジカメでその無邪気な姿を撮ったりしていた。ナオは絵本から、ジジはアニメ映画から、トラは模様から、そしてチビは身体の大きさからそのように子供たちが命名した。やがて、子猫たちが生後半年ほどになったころ、妻と私はそのうちの一匹を保護して家猫として飼うことに決めた。庭に居着いた子猫たちの姿が余りにも可愛らしく、子供たちが愛着を示しはじめたせいでもあったが、上の子が小学校六年生、下の子が四年生と、子育てに手のかかる年齢を過ぎたころあいだったので、ちょうど私たち夫婦にしてみれば、子供たちがだんだん親離れしてゆく寂しさを埋めてくれる何かを求めていた時期でもあったのだろう。

捕獲は、四匹の中で一番おとなしそうなチビにした。四兄弟の中では一番小さくて、ほかの兄弟猫たちから如雨露《じょうろ》の中に押し込められたりしていた末っ子の雌猫だったが、このころにはグレーと白のコントラストが鮮やかな、なかなかの美猫に成長していた。ある日、チビがひとりベランダに現れて自分から家の中に入りたそうなそぶりをみせたところで、妻が捕獲を敢行した。こうして、もと野良猫の子からわが家の家猫となったチビだったが、いつまでも「チビ」でもあるまいと、われわれは彼女に新しく「スー」という名前をつけたのだった。

猫を飼うのは、私も妻もはじめてであった。私の実家では、生前の祖父が小鳥の飼育を趣味としていたようで、たまたま家に侵入した野良猫に鳥かごの中の小鳥を喰い殺された記憶をもつ祖母は、大の猫嫌いだった。だから、実家では猫を飼ったことはなかった。スーが来て最初のうちは、家の中に人間とは違う生き物がいて、互いに上手く共存してゆけるものかと少々不安に思うところはあったが、スーは教えもしないのにきちんと猫砂で用を足し、丁寧に全身の毛繕いをし、昼間人間たちが不在のあいだは、出窓にちょこんと座って外を眺めて過ごした。家の中に毛が多少散乱して衣服に付着するなどの不都合はあったものの、彼女はいたって利口で人間との共同生活にすぐさま順応した。

こうしてスーと過ごした十年以上の歳月のあいだ、彼女はすっかり家族の一員としてわが家に溶け込んでいた。毎日散歩させる必要もなく、遠吠えしたりじゃれついたりもしない猫という動物は、ふだんはいたって物静かで、その存在を忘れている時間の方が長かったが、そのくせわれわれがくつろいでいたりぼんやりしていたりすると、どこからともなくトコトコとやってきて、人の隣に寝そべっている。もちろん、猫じゃらしで遊んでやるときなどは、空中に高くジャンプしたり、カーテンの下に潜んで野生の狩猟者としての本能を垣間見せたりと、われわれの心をなごませてもくれた。スーがいるあいだは、わが家の年賀状の写真はスーの写真となった。その間、干支が何であるかにかかわらず、わが家では毎年があたかも「猫歳」であった。

私は犬を飼った経験はないが、犬の場合はもっと人との関わり方が密で、飼い主への依存度や服従の度合い、それに愛着の表現の仕方も濃密であるように思う。そこが、おそらく犬好きの者にはたまらないのであろう。注いだ愛情が、そのままストレートに返ってくるような、そんな幸福感が愛犬家という人種を支えているのだろうと勝手に想像したりもする。また、犬は躾や教育の対象でもあり、飼い主がお手やお座りをはじめ、場合によってはかなり複雑な「芸」を仕込むこともできる。この点が、猫とは大違いである。

猫は、躾だの教育だのという人間の側からの働きかけには敏感に反応しない。基本的な生活の動作、たとえば排泄や身繕いなどは、生後幼いときに母猫から教わるのかもしれないが、人間が手取り足取り教える必要もなく、勝手に身についている。反面、そのほかの行動は、こちらが教え込もうとしてもあまり興味を示さない。実に気ままに、自分のしたいことはするが、人から強いられたことには知らん顔でそっぽを向いてしまう。そのくせ、まったく人を無視しているのでもなく、反抗的であるわけでもなく、気が向けばすり寄ってきて甘えたりもする。その気まぐれさ、御しがたさこそが、人が猫に魅せられてしまう最大の理由でもあろう。

わが家のスーは、かなり用心深い性格で、家に客があったりすると、二階のクローゼットの一番奥に隠れたまましばらく出てこなくなったりするほど臆病だった。だから、したたかさとかあざとさとかを感じさせることはあまりなかったが、それでもわが家の人間たちとは微妙な距離を保ちながら独立独歩で同居している感じであった。およそ自分は飼われているなどという自覚は微塵もなく、誰よりも前からこの家に住んでいるような顔をして、一階の出窓、二階の寝室、娘の部屋のベッドの上など、その時々に最も居心地のよい場所を探して移動し、眠ったり窓の外を眺めたり駆けまわったりして日がな一日を過ごしていた。

私は大学の教員という職業柄、世間的にはいわゆる「教育者」の端くれである。とはいえ、正直なところ自分に教育者としての自覚や信念があるなどとは、あまり思ったことはない。そもそも、人にものを教えるのが好きとか、人から先生と呼ばれるのが好きとかいう理由で、「先生」になることを目指してこの職に就いたわけではないのだ。大学の教員というものは、その職に就く過程で、特別に教育者となるトレーニングを受けてはいない。小学校から高校までの教師は、れっきとした免許制度のもとで教師としての資格を認められた者だけがそれに就くが、大学の教員はそれに比べれば資格ももたずトレーニングも経ていないずぶの素人の集まりだ。

私は、東北大学に勤めるようになる前の職場が博物館だったこともあり、大学に赴任するまでは教壇に立った経験さえ皆無に等しかった。かろうじて、大阪では市民講座のようなものに講師として招かれて話をしたことがあったが、非常勤講師としての経験もふくめ、正式に学校で教えたことは一度もなかった。また、学生時代に教員免許資格を取ろうとしたこともなかったから、教育実習という形で教壇に立った経験もない。だから、平成元年四月に東北大学に着任し、大学の教養課程の教壇に立つことになったときは、まったくの助走なしで走り高跳びのバーを飛び越えてみろといわれたのに等しかった。

悪いことに、私が教えることになったのは大学の一般教養課程の「文化人類学」の入門の授業だったので、いきなり二〇〇人以上入る大教室での授業であった。しかも、私のクラスは教室の定員をオーバーする混雑ぶりだった。当時の一般教養の授業は、ヨーロッパ史とか経済学とか哲学とか、いたってオーソドックスな科目しか用意されておらず、その中では新設された「文化人類学」という科目が学生たちには目新しく映ったためだった。こうしてはじまった私の生まれてはじめての授業は、おそらく私にとって恐ろしく緊張感に満ちたものであったはずである。今となっては「はずである」としか書けないのは、余りの緊張のせいか、私にはそのときの記憶がほとんどないからである。何を話したのか、上手く話せたのか、声がうわずったり震えたりしてはいなかったのか、まったく覚えていない。唯一記憶に残っているものといえば、教室に入った瞬間、大勢の若者たちの発するむっとした人いきれを感じたことくらいであった。

それでも、人生何事も慣れである。最初の学期をどうにか乗り切り、二年目、三年目となるにしたがい、次第に大学の講義の仕方とはこんなものだ、という自分なりの形式が確立されてきた。大体、大教室での一般教養の講義は、教員が一方的に話す以外にはやりようがないから、とにかく自分が話したいことを初学者にもわかりやすい手順とスピードで話しさえすればよいのだということがわかってきた。たまに学生から質問が出るとしても、こちらを困らせるような難問が出ることは希なので、適当に常識的な答えをしておけばよい。眠たそうな学生が増えてきたと感じるときには、人の関心をひくような異文化の具体事例の一つ二つを差しはさんでやれば、何とか間はもつ。その点では、異文化の珍しい話の種に事欠かない文化人類学は便利な学問でもあった。

もちろん、教養課程だからいい加減な授業でよいということにはならない。何百人何千人という学生の中には、一般教養の授業で興味をもち、将来文化人類学の研究者になろうと志す者がいないとはかぎらないし、そうではなくとも、学生たちの関心を日本社会の中の狭い常識から人類の文化・社会の多様性へと向けさせることができれば、それはそれなりに彼らの人生にとって大きな意味をもつことになるかもしれないからだ。

やがて教養部は解体され、大学院教育にも関わるようになると、教育というものについてさらに深く考えさせられるようになった。大学院教育は、教養課程の授業とはうって代わって、ゼミにしても講義にしてもきわめて少人数の授業であり、しかも教室での学生と教員との双方向的な関わりが重視される。東北大に就職以来数年で教養部が解体され、新設の国際文化研究科という大学院に参加することになった時点では、それまで私は一般教養の授業しかもったことがなかった。私のように、教養部の教員から独立大学院（学部とセットになっていない大学院だけの組織）の教員になった者の場合、大学三、四年生の学部教育には関わらず、一、二年生向けの教養教育と大学院生の専門教育のみを担当するという、一種変則的な教育への関わり方となる。一〇〇人、二〇〇人の大教室でのマス教育と、数名から一、二名の少人数を相手とする双方向的な教育という両極の教育形態のみで、その中間の関わり方がないのである。

だから、大学院教育の担当がはじまった当初は、そこでもまた、それまでに経験したことのない新たな形式の教育をぶっつけ本番で行わざるを得なかった。もちろん、ゼミにしても講義にしても、自分が学生のときには学生の立場で参加した経験があるわけだから、それを思い出して実践すれば良いだけのようにもみえるかもしれないが、教えられる側と教える側とでは、やはり天と地ほどの相違がある。学生として授業を受けていたときにはついぞ思いのおよばなかったことだが、分野の最先端の話題を踏まえた講義を行うにも、また学生のゼミ発表に対してそれなりに内容のあるコメントをするにも、かなり周到な下準備や、その場での頭の回転が必要なのだ。教養課程の入門の講義とは違って、内容が自分の専門的な関心事項により近いだけに力も入り、授業への身の入れ方もおのずと前のめりになることから、授業での消耗度は大きかった。そのころの私は、授業の合間の時間に、常々心の鎮静剤としているビル・エバンスの **Blue in Green** を聴きながら、研究室の奥でぐったりとしていた記憶がある。

そしてさらに、教育の「効果」が単なるペーパーテストの成績という形ではなく、修士論文や博士論文という学術成果の形で現れる点も、大学院教育のすばらしい点であり、また同時に恐ろしい点でもあった。よい学術論文を書けるだけの力を、自分の指導する学生にどのようにして身につけさせたらよいのか、それは大きな課題としてのしかかってくる。指導学生が修了を前にして提出してくる論文は、それ自体はその学生個人の実力を表すものであるが、同時にそれは、そこまで指導してきた教員の側の実力、あるいは少なくともその指導力を反映したものにほかならないからだ。自分の指導学生が、レベルの低い論文ばかり書くようでは、自分の面子や存在意義にも関わるという思いがあった。

国際文化研究科には一〇年間在籍し、二〇〇三年四月に新設された環境科学研究科へ移った。東北大では、都合三〇年間、大学院教育にたずさわったことになる。だが、こうして大学の教員としてのキャリアの終点間際になっていうのも何だが、私には優れた教育者であったという自信はまったくない。なぜなら、自分が指導した学生たちがもともともっていた素質や実力以上のものを、自分の「教育」によって付加したという実感が私にはあまりないからである。せいぜい、彼らに学ぶための環境を与えてやったぐらいで、それ以上の何かを教授したという確信はもてないのだ。

大学院の授業ともなると、外国語の資料をどう読むかとか、調査地で現地の人にどう質問するかなど、研究に必要なスキルをいちいち懇切丁寧に説明したり実演してみせたりすることはない。そうしたものは一通り身につけた上で入学してきた学生に、自分で紡ぎ出した研究成果をゼミで発表させ、それに対して良いの悪いの、おもしろいのおもしろくないのとコメントする程度である。また、研究テーマ自体、われわれ文系の場合は学生自身がみつけだすものであって、指導教員がこのテーマで研究しろと指定することはあり得ない。だから、結果的に良い研究論文を残して修了していった学生は、最初から自分が研究したいと思う良いテーマをもち、またそれを研究するために必要な基本的スキルをあらかじめ身につけていた者たちなのである。私が本格的に手を貸してやるべき余地はあまりなく、ほとんどは自分で考えて実践してもらうしかなかった。

もし「教育」が人に新たな知識や技能を与え、その人をより優れた存在へと変化させるためのものであるとするなら、私が実践してきたことは、おそらくその「教育」の定義にはあてはまらないであろう。学生を犬や猫にたとえるのはたいへん失礼で不適切かもしれないが、結局私にとっての大学院教育は、飼い猫のスーと過ごした時間と同じようなものであった。自宅でスーと一緒に過ごしたのと同じように、私は院生たちと一定期間同じ大学の同じ研究室で過ごしたが、スーがわが家に来たときには既に一通りの身のこなしと生活のスタイルを身につけていたように、学生たちはあらかじめもっていた素質で彼らの研究を成し遂げ、ここから巣立っていったとしか思えない。私はスーに新たな何かの芸を仕込むことはしなかったし、それは不可能であったが、同様に私は自分の指導学生たちに新たなスキルを身につけさせようとはしなかったし、またそのためにどうすればよいかもわからなかったというのが正直なところである。

畢竟、教育者たる者、猫は飼うべきではないのかもしれない。犬に対するように、相手に積極的に関わり、相手をしたがわせ、相手をより優れたものへと作り変える、そうした態度こそが、真の教育者に求められるものなのだと思ったりもする。もしもそうなら、私はやはり教育者として失格なのであろう。だが、今思い起こしてみても、スーとともに暮らした一二年の歳月は、私にはとても楽しく幸せな時間であったことは間違いない。何よりそれは、私にとってかけがえのない人生の重要な一部分だったのだ。学生たちにはたいへん申しわけないが、私は犬よりも、やっぱり猫の方が好きである。

二　カドゥヴェオ族の紋様

最近はめっきり、書店というものの影が薄くなってきた。かつては、大都市はいうにおよばず、どこの地方の小都市にも何軒かの書店があって、そこは時事ニュースから教養知識、趣味の手びき、ファッション情報などにいたるまで、全国、全世界の文化を人々にもたらす中継基地となっていた。また、それればかりではなく、私が高校生、大学生として過ごした一九七〇年代には、大きめの書店の教養書のコーナーには、かならず文化人類学の図書を集めた書棚があって、私はよくその前で立ち読みの時間を過ごしたものである。それほど、当時は文化人類学に勢いがあった。古くからある歴史学や哲学などといった学問とは異なる、新鮮で物珍しいにおいがしたばかりでなく、欧米の著名な文化人類学者の中には、世界の思想界をリードする「知の巨人」とみなされている者が何人もいて、文化人類学はまさに知の最先端をなす分野というイメージを漂わせていた。

中でも著名だったのは、フランスのクロード・レヴィ＝ストロースであった。私の現在の主要研究テーマや、これまでの研究のスタイルからは意外に思う同業者も多いかと思うが、私の文化人類学の出発点はレヴィ＝ストロースの構造主義であった。大学での専攻が決まる前の一年生、二年生時には、私はとり憑かれたようにレヴィ＝ストロースの著作を読んでいた。大学三年以降の専攻を文化人類学に定めたのも、それはレヴィ＝ストロースのせいだったといって過言ではない。

彼の構造主義が魅力的に見えたのは、人間の思考や文化的構築物の背景には、二項対立を基礎とする共通のパターンが存在するという主張が、現代社会のこまごまとした因果関係の分析に終始しているようにみえたほかの社会科学の議論に比べて、大胆で新鮮に映ったせいでもある。だが、それ以上に、彼の論理展開のスタイルが格好よくみえたためだったろう。レヴィ＝ストロースもほかの民族学者・文化人類学者たちと同様、きわめて具体的な事象を題材に抽象的な問題を論じようとするのだが、それは細かい事実の積み重ねから帰納的に答えを導き出すという手法ではなく、具体的な事象の中から突然ズバリと核心めいた洞察を引き出すやり方だった。

たとえば、彼はその随想風の著書『悲しき南回帰線』の中で、以下のように書いている。

「……われわれはカドゥヴェオ形式を見るとき、一連の複雑性と正面からぶつかる。まず第一にその二元論である。それは鏡の間にいるように、次から次へと生まれるプランを映し出しているのだ。たとえば、男と女、彫刻と絵画、抽象と表現、曲線とアングル、アラベスクと幾何学模様、面と線、モティーフと縁飾り、地と部分、基本形と全貌等である。しかし、この対立は後からわかることだ。それは静的な性格のもので、芸術の動的要素、つまり主題を創造力で実践する方法はこの基本的な二元論ではあらゆる面で断ち切られている」（レヴィ＝ストロース著、室淳介訳、一九七一年、講談社文庫・上下巻、上巻二八一頁。原著は Claude Lévi-Strauss 1955 *Tristes Tropiques*, Paris: Plon）。

これは彼の調査地の一つであったブラジル南部・パラグアイとの国境付近に暮らす、カドゥヴェオ族の紋様について語った一節だ。カドゥヴェオ族の人々は、土器や木彫などの生活用具上に描く装飾や、成人の顔に施すタトゥーなどに、きわめて精緻で複雑な紋様を用いることで知られていた。レヴィ＝ストロース流のいいまわしに慣れていなければ一見難解すぎて何をいっているのかわからない一節ではあるが、テーマとしてはこうした紋様が描かれる過程と、そこに何らかのメッセージや意味が付与される過程について述べている箇所である。ポイントを解説すれば、図像のもつメッセージや意味は描く者によって最初から一貫して与えられるわけではなく、最初は意味に縛られない自由な創造力の発露によって線が描かれてゆくプロセスがある。そして、その後の第二段階、すなわち全体がまとめられ各部分に補足の模様が書き込まれる段階になって、はじめてその紋様全体にメッセージ性が付与される、ということを述べている。

これだけだと、レヴィ＝ストロースがここで論じているのは単にカドゥヴェオ族の芸術論にとどまるかのように思われるかもしれないが、彼がこのことを通じて論じようとしているのは、人間の文化の基本として存在する象徴行為と、個人がその時々に情動や創作欲の発露として行う個別的な行為との二重性である。個人の個別的な行為は、その場その場の偶然に左右されながら独創性をもったものとして生み出されてゆくが、文化・社会のレベルで共有されている象徴は、より定型的で静的で反復的なものだと、彼はこの事例を通じて示しているのだ。

ここでのレヴィ＝ストロースの論考は、著書の中に収録されたカドゥヴェオ族の紋様の図版に言及しながら詳細に展開されているものの、それは具体的な証拠を上げて、こうだからこうだ、これはこれ以外ではあり得ないからこうだ、という論証の手順を踏んで主張されているものではない。それとは正反対に、紋様の魅力に取り憑かれたレヴィ＝ストロースが、これはこうであるに違いない、という洞察をもとに、直感的に述べているだけである。だから、それは恣意的な解釈に過ぎない、と他者が批判するのは容易なはずだが、レヴィ＝ストロースはそれをあまりにも見事に、精緻な仕方でやってみせるものだから、読む側にもそうであるに違いない、という直感が生まれてしまう。彼が天才と呼ばれた所以である。

私は、中学時代に絵を描きはじめ、高校二年ぐらいまではかなり頻繁に、故郷の花巻や高校時代に通学した盛岡、そして遠野などの近隣地域の風景を、水彩画、ペン画、油彩などに描いていた。美大への進学を諦めた後も、大学生時代にはたまに信州や奈良、北海道などにスケッチ旅行に出かけていた。私が描くのはおもに風景画で、空と山と原野や田畑などの農村風景を好んで描いていた。絵画、少なくとも具象画の場合、そこに何が描かれているかということ、つまりモチーフがどれだけしっかり描けているかは重要であるが、同時にそれをどう描いているか、筆致とか色彩のトーンなどがどうであるかも同じくらい重要である。どんなに巧妙に考案された構図、精緻に描き込まれた輪郭の絵でも、筆致やトーンのレベルで迫力に欠けたり、逆にくどすぎたりすると、魅力的な作品とはならない。もちろん、モチーフの形を上手く捉えることができずに、何を描いているのかわからない作品では困るが、何を描いているのかを正確に伝えることだけに固執すれば、それは説明的すぎる作品となって、事典の挿絵には使えても、見るものの心に訴えかける力は今ひとつとなる。だから、よいモチーフをよい構図で描くことと、筆致や色彩などの勢いや躍動感、あるいはその上品さや繊細さといったモチーフ以外の要素とのバランスが絵の命である。

　絵を描くことの目的は、サークルの展覧会や画廊を借りて開く個展などに出品して「よい絵だ」と褒められたい、ということもその一つであるが、絵を描いている瞬間は、むしろそうしたことよりも、自分の情動を筆や絵の具によって紙やキャンバスの上に解き放つ行為そのもの、そしてそこから得られる解放感や心の高まりにあるといってよい。私が風景画の中で特に得意としていたのは、遠景に浮かぶ空の雲であった。雲は、自分のそのときその瞬間の情動を画用紙の上にたたきつけただけで、あまり形式的な修正を加えずとも、そのまま雲のようにみえるからである。むしろそこに込められた躍動感が、風景画に息吹を与えることとなって、多くの場合それは作品のでき具合にプラスに作用した。私の作品を見た人の中には、「雲がいいねえ」といってくれる人も少なくなかった。

このような絵画のモチーフと描き方という二つの次元を、レヴィ＝ストロースのカドゥヴェオ族の紋様制作の分析にあてはめてみれば、紋様のもつメッセージや意味など、思考のレベルで社会に広く共有されるべき内容と、紋様の細部に込められた作者個人の情動や創造性という、二つの異なる次元に対応することになる。絵画には、懐かしさを誘う日本の農村風景とか、異国情緒にあふれた外国の街なみとかいうモチーフのもつ「意味の次元」があるが、それには還元しつくされない筆致や色彩の躍動感や調和といった作者の描画行為そのもののもつ「質感の次元」があるのだ。

紋様や絵画ばかりではなく、人間の文化的な行為には、社会のほかのメンバーと意味を共有すべく定式化され反復的に演じられる部分と、個人のその時々の個人的な動機や感情の吐露によって生み出される側面とがある。レヴィ＝ストロースは、人間の文化的行為には常にそれらの両次元が備わっていると考えており、カドゥヴェオ族のような「伝統文化」の中に生きる人々の場合でも、彼らの文化的行為には社会に共有されたコードにしたがって形作られている部分が存在すると同時に、決して皆が社会的に定型化された行為を判で押したように繰りかえしているだけではない、ということをも主張しているのだ。

レヴィ＝ストロースの構造主義は、個人を越えた社会のレベルに存在する「構造」によって、個人の行動が逐一規定されるとみなす、不自由な人間観に結びつくものであり、特に個人の自由意志が尊重される現代社会の理解には向かないと誤解されている場合もあるようだ。しかし、レヴィ＝ストロース自身は、社会に共有された構造と個人の行う創意は言語における文法と個々の発話のように、すべての社会に等しく並存してあるものと考えている。これは、個人と社会の関係、そして社会の変化や持続性といった普遍的な問題を考える上では、今日なお重要な示唆を与えてくれるものである。

私が所属してきた東北アジア研究センターは、文理融合をテーマに掲げるさまざまな分野の研究者の寄りあい所帯であったが、ほかの分野の研究者からは、文化人類学の研究というのは何か感想文めいている、客観的データの蓄積から推論するよりも、私はこう解釈する、と述べているだけのような気がする、といわれることがある。確かに、ほかの社会科学の分野と比較しても、文化人類学は調査データの数量化への志向が弱く、結局はこうであるに違いない、という分析者の解釈の提示で終わる場合が少なくない。これは、フィールドワークの直接観察で得られる事例がごく少数であることが多いのと、収集するデータが文脈をともなう質的データを主体とするものであることからくる一種の宿命でもある。

しかし、それはまた、レヴィ＝ストロースのような二〇世紀の著名人類学者がうち立てたスタイルでもあった。彼の演繹的な分析の手法は、その洗練された文体とあいまって、独自の知的論考のスタイルを築き上げた。私が文化人類学にあこがれたのは、まさにレヴィ＝ストロースの構造主義人類学と、それと歩調を一にして一世を風靡していた構造主義の全盛時代においてであった。もちろん、レヴィ＝ストロース流の演繹的な解釈の手法は、ありきたりの知性がまねをしてもうまくゆくものではなく、恣意的で稚拙な解釈として世の誹りを受けることになるのが関の山である。

レヴィ＝ストロースのような「知の巨人」が不在となってひさしい学術世界においては、彼のようなスタイルでの論考が容易に通用するとは思われない。二一世紀の今日では、重厚な知性、知の巨匠の洞察に答えを求める代わりに、人々はＡＩによる分析のような、個人の解釈の介在しないプロセスに、解を求めようとするようになった。今日の文化人類学の退潮は、一九八〇年代九〇年代に展開された植民地主義批判やオリエンタリズム批判や、文化人類学内部における過度に内省的な議論のせいもあるかもしれないが、それに加え、コンピューター・サイエンスの台頭を受けた知のあり方の根本的な組み替えを背景として生じたものと考えられる。

しかしながら、人間の文化・社会を研究対象とする以上、すべてのことがらが数量化されたデータとして演算処理可能とは思われない。たとえ仮にそれが可能であるとしても、人間が行っていることがらに対して、その観察者が数量化されたデータを経由することなく、直感的に理解したり批判したりするという反応のプロセスは残る。如何にＡＩによる「客観的」データ分析が進歩しようと、生身の人間がそうした直感的な洞察で得たことがらを発信することが禁じられる時代がくるとは思われない。

むしろ実際の研究のプロセスとしては、たとえ数量的な分析が進んだ分野においても、まず研究者の直感的なひらめきに近い問題設定があり、それにしたがって組み立てられる仮説や命題の検証・補強の手段として、数量分析的な手法が動員されるものだと私は理解している。そうでなければ、何を研究すべきなのか、何が問うに値するのかという問題群の設定自体を自動的な計算のプロセスに委ねることとなり、研究する者の主体性、極言すれば知性というものの主体性そのものが、否定されることにつながる。少なくとも、研究対象に対する興味と研究することに対する動機づけを研究者に与えるのは、すべての分析が終わった後の結果ではなく、答えが得られていない未知の対象を目の前にした好奇心や驚き、直感的な洞察なのである。

その意味では、数量化から立ち後れ、未だにフィールドワークの直接参与観察で得られた少数の質的データとその解釈に依存している文化人類学の一見時代錯誤的ともいえる方法論は、今後も根絶されることはなく、人間の文化・社会現象への知的興味と問題関心の創出において、一定の役割をはたしてゆくであろうと私は信じている。一見感想文的だ、印象論的だと批判されようとも、対象を前にした洞察やひらめきを大切にすることなしには、学術研究は持続してゆくことが不可能なのである。

私が若き日に心躍らせて読んだレヴィ＝ストロースの著作は、今日では既に時代遅れで、手本にすべきスタイルの研究ではないと考える者も多いであろう。だが、私自身はまだレヴィ＝ストロースのマジックから完全に解放されてはいない。私自身がこれまでの研究者生活の中で行ってきた分析は、彼の手法に比べるとはるかに平凡で地味な、収集データからの帰納的推論に基づく控えめな解釈を主としたものであった。しかし、研究者たる者、一生に一度くらいは、検証の手つづきなしに他人をうならせるような、すばらしい洞察の瞬間を経験してみたかったとは思っている。若い時分には、自分の思いつきに陶酔することもたまにはあったが、冷静に考えてみればほとんどは錯覚に過ぎず、人をうならせるひらめきにはほど遠かった。最近では、年齢を重ねるにつれ、そうした錯覚を感じることさえ希になってきたことは、何とも寂しいかぎりである。

三　植物図鑑

ドクダミ　一名じふやくトモ称シ、稍《やや》陰湿地ヲ好ミテ自生スル多年生草本ナリ。茎《くき》高サ尺餘ニ達シ細長クシテ地上及ビ地下ヲ匍匐《ほふく》シ、さつまいもニ似タル葉ヲ互生ス。初夏梢《しょう》上ニ小枝ヲ分チ其ノ頂ニ白色四片ノ苞《ほう》ヲ有シ其ノ上部ニ穂状ヲナシテ淡黄色ヲナセル多数ノ小花ヲ綴《つづ》ル。

父が愛用していた植物図鑑は、昭和三年初版の東京吉祥寺・大地書院刊の『集成新植物圖鑑』という小型のものだった。私の幼いころから、茶の間の父の席の近くのラジオの下の棚に置いてあって、散歩から戻ったり、裏庭で何か見つけたりするたびに、父はその図鑑を手にとるのだった。図鑑は旧仮名遣いの文語調の古めかしいスタイルで書かれており、今でも内容を詳細に読むのには一苦労するような代物だが、植物の名前自体はカタカナで書かれているので、子供でも読むことができた。そこには、三〇〇〇種以上におよぶさまざまな植物が、簡略な図入りで掲載してあった。小学校の低学年のころには、父と一緒に頻繁にそのページをめくったり、自分で勝手にもち出して眺めたりしていたので、いつしか私にとってもその図鑑はなじみ深いものとなっていった。

父はその図鑑を、北大の予科時代に先輩からもらったのだという。図鑑の最後のページには **Ken-ichi Sekine** のローマ字のサインがあり、「先輩関根氏ヨリ贈ラル」という父の字によるメモがある。肺結核の発病で学業を途中で諦めざるを得なかった父が、予科時代からの書物を座右に置いて使いつづけていたのは、この植物図鑑と英語の辞書ぐらいのものだった。父が植物図鑑を愛用しつづけたのは、闘病中にはじめた俳句の創作のため、植物の名前を調べたりその植生を確認したりするのが主目的であったかと思われる。だが、そのうち周囲に生えているさまざまな植物の名前を調べること自体が趣味となったようである。父は私を連れて散歩している途中でも、よく道端の植物に目をやり、「ほおっ、○○草だ。珍しいごと」などと私に語りかけるのを常としていた。自分の知らない植物に出くわすと、「何だえん、うぢさもってって調べでみるべし」などといって、採集してもち帰ったりもした。父と一緒に、そうした見知らぬ草の名前を図鑑で調べるのも、子供の私にはとても楽しかった。

そのようなわけで、小学生ながら私は植物の名前に関しては少々物知りになっていた。藪の中に生えているスズメ瓜やアマチャヅル、マムシ草やウラシマソウなど、大人でも名前を知っているとはかぎらない植物を、即座に見わけられるようになっていた。また、単にさまざまな植物の名前が言えるというばかりでなく、同じ科に属する似たような植物と、まったく形や植生が異なる遠縁の植物があることも理解していた。ダーウィンの進化論の知識などはまだなかったが、植物が近縁・遠縁の違いによって、いくつかのグループに分類されるものであることも、図鑑の配列や表示を通じて知っていた。「ワスレナグサもキュウリグサも同じ紫草科なんだ。確かにそっくりだもんなあ」などと庭に生えている実物を見比べながら思ったものである。

父の私に対する教育は、今にして思えば実に控えめながら上手な教育であったように感じられる。そもそも、それは「教育」などという計画的なものではなく、父としては病み上がりの身体で定職もなく家にいる手もちぶさたを、私と一緒に散歩したり本を読んだりしながら、紛らわせていただけなのかもしれない。だが、一緒にいることによって、私はおのずと父の興味や関心に引き込まれ、自分でも知らず知らずのうちにいろいろな知識を身につけていた。幼稚園のころ、父はよく、私を自転車の前につけた座席にちょこんと載せては散歩に連れまわしたが、それは植物観察のみではなく、小川の源流探索や、神社・寺院の訪ね歩きなどを目的とする場合もあった。そのせいで、市街地を流れる小川がそれぞれどこから流れて来てどこに合流しているのかや、どんな地形の場所に湧き水や掘り抜き井戸が分布しているのか、あるいは市内に一体いくつ寺があるのかなども、私は子供ながらによく把握していた。父はそうした探検を、私を喜ばせるために行っているとか、私に知識をつけさせるためにそうしているというふうでもなく、むしろ自分が前々からもっていた疑問を子供との散歩のついでに確かめようとしただけだったように思う。だが、私も父に連れまわされるうちに、父の興味に染まってゆき、すっかりそうしたミニ探検に魅せられていた。そして家に帰ると、母や祖母にその日の探検で判明したことを得意顔で話すのを日課にしていた。

こうして、一人っ子で家の中に子供どうしの遊び相手がいない私と、職もなく時間をもてあましている父とは、私の小学校高学年にいたるまで、比較的多くの時間を一緒に過ごした。もちろん、近所の子供たちと子供の遊びにうち興じていた時間の方が長かったはずだが、世の中のほかの子供と比べれば私は父親と過ごした時間が長かったものと思われる。当時は宅地開発も今ほど進んでいなかったので、花巻の市街地を出るとすぐそばには、キノコの生える森、色とりどりの草の実がなる土手、茅《つ》花《ばな》が咲く原っぱ、ヤゴやドジョウが泳ぐ田んぼ、カブトムシの集団発生する製材所などが、いたる所に点在していた。

森には、実にいろいろなキノコが生えていた。ウイッコと呼ばれるシメジや、ボリメキと呼ばれる朽木に生える黄色いキノコ、ゆでると紫になるアミノメ、赤いハツタケなどである。墓地からスギノキモダシをたくさん収穫してもち帰って、祖母から気味悪がられたこともある。また、花巻の北部を貫流する瀬川という川の旧河道の土手には、秋になるとガマズミ、ムラサキシキブ、イシミカワ、ヒヨドリジョウゴ、野ブドウなどさまざまな実が実った。そうした場所を、その時々の季節の風に吹かれながら、父と散歩して歩いた記憶は、今も私の原風景として心の中に生きている。

散歩ばかりではない。父にはよく本を読んでもらった。居間の掘り炬燵で、父の膝の上に座り、子供向けに書かれた宇宙の話や、恐竜などの古生物の話、日本列島の誕生の話など、今にして思えば理科の基礎的な教養にあたるさまざまな知識を、私は父に読んでもらう本の中から得ていた。本のテーマはほとんどが理系のもので、文学や芸術に関わるものは希だったが、ともあれそうした父の読み聞かせによる私の知識は小学生としては充分なレベルに達していて、理科だけは何の勉強もせずにいつも成績がよかった。

私が中学生になるころには、さすがに父による本の読み聞かせは終了し、父と共に過ごす時間は少なくなった。このころになっても父は決して口うるさく「勉強しろ」などということはなく、学校の宿題を手伝ってもらったり、苦手科目の補習に手を貸してもらったりした記憶もあまりないが、中学一年生の英語の勉強だけは、父が専属家庭教師役を務めてくれた時期があった。中学一年のはじめ、尿に蛋白が出た私は、検査入院のためひと月近く学校を休んでいたことがある。中学生としての新しい学校生活の出鼻をくじかれた私は、学校に戻ってからも友達づくりをはじめ何かと勝手がわからず悶々とした日々を過ごしていたが、特に困ったのは英語だった。当時、小学校では英語の学習はまったく行われていなかったから、中学一年のはじめからその初習がはじまったのだが、私はその開始早々の重要な時期を休んでしまっていたのである。だから、出遅れ感にさいなまれ、英語の時間が非常に憂鬱だった。

そのことを知った父は、中学生向けの英語の参考書を街の書店で買ってきて、毎日夕食後の一時間ほどを、私のための英語の補習授業に充ててくれたのである。それは英語の語順がS、V、Oであることからはじまって、倒置疑問文の作り方、動詞が人称変化したり時制変化したりすること、完了形や進行形、関係代名詞の用法など、英語の基本的な文法を順序立てて説明するものだった。この補習授業は、夏休み前の六月ころからはじまり、夏休みが明ける盆過ぎまでには、仮定法過去の用法などといった中学三年生で習うレベルをふくめ、一通りの説明が終わったのである。

この英語の補習授業においても、父は彼の「教育」のスタイルを貫き通した。「教えてやるからここを覚えろ」などといった上から押しつけるそぶりは一切なく、父自身、昔自分が習ったことを思い出しながら、私と一緒に参考書の説明文を読んでは、「なるほど、そっか。こういうことなんだなはん」などと、感心しながら進んでゆくのである。上から目線で押しつけられる感じの補習であったなら、きっと私はますます英語が嫌いになっていただろうが、父のこうした一緒に学ぶスタイルの授業が、私の意欲と理解を促進し、夏休み明けまでには英語嫌いはすっかり解消していた。それどころか、中学で習うずっと先の内容まで一度にカバーしてしまった私には、学校の授業の英語はひどく簡単に思えた。文法のようなものは、時間をかけて長くだらだらと学ぶよりも、短時間で規則の概要を頭に入れてしまう方が効果的だ。単純な原則をともかく身につけて、規則からはみだす例外的な用法のようなものは、後からゆっくり補ってゆけばよいのだ。父の「夏期講習」は、短期間であったが見ごとにこれを実践してくれたのだった。

私が中学の三年生ぐらいになるころからは、父との接し方もまた異なるものとなっていった。このころになると、もはや一緒に散歩したり、勉強の補習をしてくれたりすることは皆無となったが、その代わり父は自分が読んだ本の内容を、しきりと私に語るようになった。父はもともと読書好きで、それはおそらく結核療養中に身についたものであると思われるが、実にいろんな本を読んでいた。ただ、私がまだ小学生だったころには、自分が読んだ本の内容を話して聞かせるには私は幼すぎたのであろう。中学も二、三年になって、私自身が太宰治や宮沢賢治や遠藤周作や三島由紀夫など、文学作品を読みはじめるようになって後、父は自分の読書の感想を私に話して聞かせるようになった。

父の読む本は、文学作品から宗教的な思索の本、資源環境問題の啓蒙書、国際政治の解説書、あるいは日本人論や文明論など、きわめて多岐にわたっており、特定の焦点をもつようなものではなかった。夕食の後や、土日の暇な時間に、父は自分が直近に読んだ本のあらすじを紹介しながら、それに対する自分の考えを、ひとしきり述べるのである。あまり熱心に心底感心しているそぶりで語るものだから、聞き手である私の方もついついその内容に引き込まれることも少なくなかった。そして、自分では読んでもいないのに、父の読んだ本のあらすじが大体把握できたような気持ちになったりするのだった。それどころか、父とのあいだで、読んでもいないその本について、「そうではなくて、著者は○○と言いだいんだえんちぇ」などと、議論を交わすことさえあった。

父は決して饒舌な方ではなく、人と議論する技術に特別に長けた人間でもなかったが、私はこうした父との会話の中で、何かの命題について人と議論するという経験を積んだように思う。後日私が研究者となって以降、自分の研究発表や学生のゼミ発表などで他人と議論する際の基本的スキルは、大学や大学院で身につけた部分が多いのだろうが、そればかりではなく、こうした父との対話の中で少しずつ学んでいったものもあるように思われる。

このように、今振りかえってみれば、私は父から実に多くのことを学んだ気がする。ただし、おそらくそれは、父が意識的に何らかの教育方針にしたがって私に教え込んだものではないだろう。少なくとも、ふだんの父は命令口調でこれを学べ、あれを勉強せよと指図することは一切なかった。父はただ、いろいろなことを自分も一緒になって学ぼうとし、それをおもしろがってみせたのである。それをすべて息子の教育のために演じていたのだとすれば、父はずいぶんと優れた教育者であるとともに老練な役者であったことになるだろうが、たぶんそうではなかったと思われる。病気で二〇代のすべてと三〇代の前半を闘病生活についやし、死も覚悟したであろう父にとっては、三〇代後半になってようやく授かった自分の息子とともに何かを学んだり経験したりすることは、失われた自分の人生を生き直し、子供と一緒に成長し直すことにほかならなかったのだろう。それが結果的には、子供の側からみれば、周囲のさまざまな事象に対する好奇心を内側から目覚めさせてくれる手助けとなり、またその結果、父への信頼と愛着を高めることになったのだ。

父は二〇〇七年に誤嚥性肺炎がもとで亡くなった。若いときに大病をわずらった割には、中年期以降はおおむね健康に過ごし、八七歳という天寿をまっとうした。父が亡くなった後、私は父の形見として二つのものを実家からもち出した。一つは父が生前身につけて離さなかった腕時計であり、もう一つは例の植物図鑑である。時計は大して高価なものでもなく、そっけないデザインのセイコー製のもので、使い古した黒いバンドがついていた。父は、病院に入ってしばらくしてから、入院前に一時的に入所していた老健施設に置きっぱなしになっていたその時計を、わざわざ私にいいつけて取ってこさせた。亡くなる直前まで認知機能はかなり鮮明で、少なくとも死の二、三日前までは「今日は〇日だな」「今〇時だな」などと時間を確認していた。私は今でも父のこの腕時計を書斎のパソコンのディスプレーのかたわらに置いて、父と過ごした遠い日々の時間をときおり思い起こすことにしている。あの日々が、今も密かに心のどこかに流れつづけていることを感じながら。

そして、あの植物図鑑も、私は書斎の私のすぐそばの書棚に置くことにしている。ちょうど父も実家の居間の自分の座る場所のすぐそばに置いていたように、いつでも手を伸ばせる位置にである。私が植物の名前を調べたり、その分類を確かめたりしようと思う機会は日常あまり多くはないが、今でもほんのときたま、道端で見慣れない植物をみかけたりすると、無性に家に帰ってあの図鑑を引いてみたく思うことがある。

四　地理の先生

階前の梧葉《あおぎり》いまだ青くして　水の惑星いずこさすらふ

母の短歌集に収められた一首である。この私の雑文集のタイトルも、実はこの短歌から思いついたものなのだが、ここでの母の短歌の趣旨は、「学成りがたし」や「一寸の光陰軽んずべからず」につながるような意図をふくまず、むしろいつまでも梧《あおぎり》の葉の紅葉・落葉がはじまらない天候不順や気候変動への不安感を描いたものと理解している。

母は、終戦直前に奈良高等女子師範に在学していたころから短歌の創作を学びはじめ、教師として岩手に赴任した後も、断続的に歌作をつづけていたようだ。ただ、教師の仕事も忙しくなり、また結婚して私が生まれてからは、家庭のことにも時間を割かれるようになって余裕がなくなったのであろう、長期にわたって歌を詠むことは中断していたらしい。それが、六〇歳で高校の教師を定年退職し、時間にゆとりができるようになると、再び歌作に没頭するようになっていった。地元の短歌サークルに所属し、また時々は地元紙の短歌コンクールや県の芸術祭などにも作品を応募し、入選したりもしていた。

そうした母の作品は、既発表・未発表のものをふくめ、いつしかノート十数冊にもなり、実家の居間のラジオの置いてある棚の下に、びっしりとならべられていたのだった。そんな母も、父の死後、広い実家に独居状態となった後は、少しずつ認知症の症状が進みはじめていた。東日本大震災の直前には、ついに市内の老人介護施設に入居することになり、震災時にはそこにいて事なきを得たが、この地震のころからさらに症状は進行し、短歌の創作にもそのほかの趣味にも以前のようには意欲を示さなくなった。そこで私は、そんな母を元気づける意味も込めて、それまでに書きためられていた短歌を選抜して、短歌集を刊行しようと思い立ったのだった。

ノートに書きためてあったおびただしい数の短歌から、母自身に佳作と思われるものを選ばせようと思ったが、母は既にそうした作業もおぼつかなくなりかけていた。さりとて、私には短歌の良し悪しを判別するだけの能力はなく、仕方なしに私は、母が作った一五〇〇首以上の短歌を、ほぼそのまま収録することにし、作成年月日ごとにならべて、「短歌日誌」と銘うった。そして仙台の印刷会社に依頼して百数十部を印刷し、母の知人、友人、教え子などの関係者に配ったのである。『みずならの葉音』と題するこの短歌集の刊行を、母はとても喜んでくれたが、歌作の意欲が戻ることはついになかった。

母の短歌そのものは、世の人々の注目を集めるほどの秀逸な作品もほとんどなく、歌作の道の専門家の目からすれば、未熟な作品や笑止千万な駄作が多くふくまれているには違いないが、一五〇〇首もの短歌を逐一キーボード入力し、校正のため声をあげて素読みしてみると、その時々の母の飾らぬ心情が吐露されていて、なかなか感慨深く思われたものである。とりわけ、嫁いで以来五〇年以上を暮らしてきた瀬川家の庭の風情や、孫の成長、そして花巻の町なみや周囲の山河など、母が折につけて目にし心に感じてきた情景を、スナップショットのように切りとってくれたことは、母亡き現在となってみればとても懐かしく、また私にとっても貴重な記録に思える。

短歌が趣味であったと書くと、いかにも繊細で上品な女性のイメージを読む者には与えてしまいそうだが、実際の母は何事にも貪欲に興味を示し、俗っぽい話題にも首をつっこみたがる性格であった。父の方は、物事へのこだわりが少なく、他人のことがらに深入りすることを嫌う性格であったから、それと比較すればはるかに人間くさい性格のもち主であったといえるだろう。家電製品一つをとっても、新しいものに興味を示して買ってみようといいだすのはほとんど常に母の方であり、父はそれをさんざん渋った末に、母の熱意に押されて重い腰をあげるというのが、わが家のお決まりのパターンであった。

私の教育に関しても、父はとやかく指図することがなかったのに対し、母は息子の教育のためには何をしたらよいのかと常々頭を悩ませていたふしがある。小学校の三年くらいのころ、学業もあまりぱっとせず、近所の子供と爆竹や花火などで火遊びばかりしている落ちつきのない私をみて、習字でも習わせようと思い立ったのも母であった。毎週土曜の午後、家から歩いて十分ほどの所にある寺に通って習字を習わされた私には、学校のない貴重な自由時間である土曜の午後をそのように占有されてしまうことが、ひどく納得ゆかなく思えたことを覚えている。

しかし私にとって幸いなことに、教師である母はふだん忙しく、私の教育にかまけている暇もそれほどはないのが実情だった。だから、日常の私の管理は、食事や健康面については祖母に、また教育については父に、ほぼ任せきりにしていた状態であった。私の方も、そのようにふだんの日中は母との接触が少ないことは自覚していたが、そのために母を疎遠に思うようなことはなく、逆に母が家にいるあいだは、できるだけ甘えようとしていたように思う。いつもとは違って母が作ってくれる日曜の昼ご飯などは、私には特別に貴重な食事に思えたものだ。また、研修旅行などで母が数日家を空けることがあると、ひどく寂しく感じたものだった。

母は、そのようにふだん息子の教育に直接かかわる時間がないことを、物資の投下で埋めあわせようと考えていた。母は書店のカタログなどから私が興味を示しそうな子供用の図鑑や事典、読み物などを次々と購入し、居間や私の勉強部屋に積んでおいた。そうしたものは、すぐさま私の興味を惹くものになるとはかぎらなかったが、そのうちふとしたきっかけで眼に止まり、読んでみたくなることもあった。そうなると次は父の出番で、父による本の読み聞かせの対象に、それらが加えられることになるのだ。また、昆虫採集に私が夢中になると標本作製の道具を買ってくれ、植物の花粉やミジンコなどが覗きたくなると顕微鏡を買ってくれたのも母であった。さらに、小学校の終わり近くになって、突然絵を描くことに興味をもちはじめた私に、油彩の道具を買い与えてくれたのも母である。

母が高校教師として担当していたのは、社会科の地理であった。ときには国語や倫理社会などを担当することもあったらしいが、専門としていたのは地理だった。そのため、家の中には世界中の地形や都市や国境が図示された地図帳が何冊も置いてあったし、居間の壁には世界地図と日本地図が常時貼ってあった。また、母の仕事が暇なときには、火山や湖の地形のでき方や、国々の人口、言語、産業などについても、さまざまな解説をして聞かせてくれた。そうしたことがらは、恐竜や怪獣の話、町の郊外に生えているキノコや草花の話など、父の読み聞かせや父とまわり歩くミニ探検で培われる興味に比べれば、私の中では常に二番手か三番手の位置に置かれてはいたが、それでも長いうちには自分の知識となって、およそこの世界がどのような国や民族から成り立っているのかということは、一通り理解するようになっていた。そのようにして、私の「世界」に対する認識は、地理を専門科目とする母との会話や、母がときおり「投下」して置いてゆく図版や事典や読み物などを通じて、徐々に私の中で形成されていったように思われる。

母が、自分の担当する高校の教室においてどのような授業をしていたかは直接知るよしもなく、また映像や写真などで記録が残っているわけでもない。ただ、きわめて熱心な教師であっただろうことは容易に想像がつく。それを示す痕跡は、たとえば母が生前大事にしていた高村光太郎からの手紙などにも表れている。戦後まもない時期、著名な詩人であり美術家であった高村光太郎は、太平洋戦争中に自分がとった戦争翼賛的な態度への慚愧から、花巻郊外の山小屋にこもり、孤独な生活を送っていた。そのことを知った母は、果敢にも光太郎に手紙を送り、女学校の生徒たちを連れて、彼の山荘を見学させてもらえないかと申し込んだ。それに対する歓迎の旨の返書が、上述の手紙である。封書には、昭和二二年四月二四日の消印がある。戦後の混乱期とはいえ、赴任から日も浅い駆け出しの女教師が、当時既に日本を代表する芸術家であった高村光太郎に、直々に手紙を送りつけるあたりは、いかにも母らしい行動だが、芸術の息吹にも高名な芸術家にもふだん接する機会が絶無な片田舎の学校の生徒たちにとっては、そうしたものに触れることができる希有の機会だと母は考え、敢行したのであろう。

その後も母は、学校制度が新制へと切りかわる中で、高等学校の教師へと転身し、花巻近辺にあるいくつかの学校の教師を歴任した。そのままキャリアを重ねてゆけば、教頭、校長への昇進の道もあったかもしれないが、母はそのための暗黙の条件であった岩手の沿岸部や県北など遠隔地への転勤を拒みつづけた。おそらくは、これ以上私の教育や家事のことをおろそかにして自分のキャリアの追求を行うことはできないと考えたのであろう。一つの学校への勤続年数が五、六年を越えてそろそろ転勤の話が浮上するころになると、決まって家族会議がもたれたことを覚えている。一時は父も祖母も母の沿岸部への単身赴任を覚悟したこともあったが、結局母はそれに踏み切らず、最後は花巻市内にある農業高校の一教員として教師生活を終えた。それは宮沢賢治がかつて教員を務めたことのある花巻農学校の後身、岩手県立花巻農業高等学校であった。

学校での授業そのものにも熱心だっただろうが、特に熱意を注いだのが、先に述べた高村光太郎の山荘に押しかけたときのような、実地見学であった。課外授業として、あるいはクラブ活動の一環として、母はよく生徒を連れて社会見学に出かけていたようである。特に、花巻の近郊に近世期から伝えられてきた和紙の生産現場や、遠野盆地の曲がり家集落など、地元の古い民俗に関係した場所に好んで足を運んでいたらしい。私にはその詳細を語ってくれたことはなかったが、そうした見学の成果をまとめたファイルを、ほんのときたま見せられた記憶はある。母はさらに、そうした学校での教育指導とは別に、日本全国の伝統和紙生産地に興味をもち、京都の黒谷和紙、岐阜の美濃和紙、福井の越前和紙などの産地へ、何かのついでに見学旅行を敢行してその成果もファイルにしていた。そうした有名な和紙産地に関しては、既に多くの紹介書もあり、ドキュメンタリー番組なども制作されているだろうから、母のこうした「研究」がどこまでオリジナルな価値をもっていたかはわからないが、ともあれ、母はこうした実地見聞のための「調査」を好んだ人であった。

私は母のこうした趣味の調査旅行に同行したこともないし、積極的に興味を示したこともなかった。大学で文化人類学を専攻しようと思い立ったころには、文化人類学とはどこか遠い「未開」のジャングルの集落や、草原の彼方の異文化の世界を研究対象にするものだと思っていたし、母が見学調査におとずれる日本の伝統工芸や民俗文化とはかけ離れた性格のものだというイメージがあった。だが、大学の学部時代や修士課程のときに文化人類学の社会調査実習として訪れたのは、奥三河や木曽の山村であった。そうした日本の山村で生業や親族関係や伝統行事などの聞きとり調査を行いながら、ふと考えてみると、自分が行おうとしている研究は、母が趣味でつづけてきた研究と、方法論的にはそれほど大きな違いがないのかもしれないと気づくようになった。

これらの社会調査実習を担当してくれた伊藤亜人先生は、韓国をフィールドとする著名な人類学者だが、日本の農村に関する知識や、日本の民俗に対する興味も豊富な先生であった。当時助教授として赴任されたばかりであった伊藤先生には、大変親しく接していただき、私が文化人類学の基礎を学ぶ過程で同先生から被った学恩はきわめて大きいと思っている。その伊藤先生の感化もあり、それまで中米などをおもな対象地域と考えていた私は、アジアの農村のフィールドも悪くないと思うようになっていた。当時習おうとしていたスペイン語の授業で「C」の成績をもらったことも手伝い、私は潔く中米からの撤退を決意した。結局、卒論、修論と中国社会のことを題材に書きあげ、博士論文のための最初の海外フィールドワーク地として香港新界を選ぶことになったのも、こうした経緯があってのことである。
母が文化人類学という学問についてどこまで理解していたかはわからないが、彼女は常々、「文化人類学なんて、地理みたいなものでしょ」といい張って譲らなかった。私が、「いや、地理学と人類学は違うのだ、人類学ではフィールドワークが何より重視されるし、レヴィ＝ストロースは……」などと抗弁しても、母は「ほら、似たようなもんだ」といいつづけていた。確かに、文化人類学と人文地理学は、片や文化や社会関係をキーワードとし、他方は地形や景観をキーワードとすることや、文化人類学者は大抵地図を描くのが大の苦手だという違いはあるものの、等しく人間の集団的営みを研究対象とすることや、それぞれ自然人類学、自然地理学という理系のペア領域とともに発展し、そこから分化してきた点などでも似通った学問である。今日ではGPSの普及にともない、それへの依存度を高めた人文地理学と、相変わらずそうした先端的テクノロジーとは距離を置く研究者が多い文化人類学とでは、若干異質性が増大したような印象もあるものの、やはり両学問分野のあいだには多くの類似性がある。母のように、「一体何がちがうの」と正面切ってたずねられると、何が両者を決定的に分けているものなのかについて、確信をもった返答ができなかったのは事実だ。

母は亡くなる二、三年前から認知症が進行し、記憶も言葉の表現力も徐々に衰えていった。そして私が施設を訪れるたびに、「どこに勤めているの」と繰りかえしたずねるようになった。私はその都度、「とうほくだいがく」という所だよ、と答えた。あるとき母は、それにつづけて、「そこで何をしているの」と私にたずねた。私はその問いに対して、「ぶんかじんるいがくっていうものを教えているんだよ。地理みたいなものさ」と答えた。それを聞いた母は、しばらくぽかんとしていたが、やがて「ああ、地理ね」といった。母の顔は、かすかに微笑んでいるようにみえた。

五　世代を超えて

花巻の実家の裏には土蔵があって、さまざまなものが足の踏み場もなく詰め込まれている。一体何がどれだけ詰まっているのかは、私自身全貌がつかめていない。ただし、あまり大昔のものや骨董的に高価な物品がふくまれていることは期待できないだろう。ざっとみてわかる範囲では、本家から分家した私の祖父が昭和八年に実家を建てた後、折につけ母屋で不要となった生活道具の一部を、無秩序に放り込んで今日にいたったものと考えられる。わが家は分家であったから、それ以前からの、たとえば明治・大正期や近世期の古文書や骨董品などがふくまれていることは多分ないだろう。「お宝探偵団」に出して高値がつくような物が混じっていることは望み薄だ。しかし私にとってのこの蔵は、子供時代から今にいたるまで、依然として神秘のヴェールに包まれた特別な空間なのである。

子供のころ、この蔵にゆく機会といえば、決まって四月二日の祖父の命日の前後と八月一三日のお盆の前後であった。これらの日には、「おふかし」と呼ばれる赤飯をつくる習わしだったので、かならずその一、二日前には蔵にいって蒸籠《せいろ》を出し、それらの行事が終われば再びしまいにゆくことになっていた。子供の私にとって、蔵はふだん一人ではゆけない怖い場所であったが、それでいて覗いてみたくなる、気になって仕方ない場所だった。だから、そうした機会にはかならず大人の後について一緒に蔵にゆくことにしていたのだ。

蔵の中はひんやりとしてまっ暗く、独特のにおいがした。内部には電気が通っておらず、明かりが一つもないので、小学校の低学年のころまでは提灯を、そしてその後は懐中電灯をもって蔵に入った。そして、いくつかある窓を開け放つと、ようやく外の光が内部に届いて、中に何があるかみえるようになる。天井には薄汚れた白いものが、干し柿のように連ねて吊してあった。祖母によれば、それは「干し餅」というもので、餅を乾燥させた非常食だという。飢饉で食料難に陥ることが、明治以降に実際にあったのかどうかは不明だが、少なくともこの蔵が建てられた時代までは、いつかそうした飢饉が襲ってくるかもしれないという伝承だけは人々のあいだに伝えられていて、蔵が新築される際には、そうした非常食が収納される風習があったものと想像される。

あとは、母屋で使われなくなった古い食器類、火鉢や掘り炬燵のやぐらなどの暖房器具、祖父の代のものか父の代のものかわからないが古い雑誌類、祖父の趣味だった小鳥飼育のためのカゴ、野菜や穀物の運搬・洗浄に使った大きなザル、祖母の嫁入りの際に持参されたと思われる長持とタンス、電気が普及する前に照明として使われていたと思われるランプや燭台、そうしたものが一番奥の部分に積み重なっている。それらがいわば第一層の遺物類だとすると、その手前や上に、それらを塞ぐようにしてより新しい遺物が置かれている。それは、私自身が母屋で見かけた覚えのある、比較的最近まで使われていたプラスチック製の桶とか、椅子、テーブル類、壊れた電気器具、そして私がかつて使った教科書や絵本などである。

そのように、蔵は実家で暮らした三世代の人間たちの使用品を詰め込んだタイムカプセルなのだった。それは収蔵品のタイムカプセルであるばかりではなく、この蔵の裏面の壁には、米軍の空襲の際に機銃掃射の流れ弾を受けて貫通した傷跡もあったので、建物自体がそうした歴史のタイムカプセルでもあった。実家に近い花巻駅の周辺は、太平洋戦争末期の一九四五年八月一〇日に米軍機の空襲を受け、実家もその爆風で窓ガラスが一枚残らず破損するなどの被害を受けたそうである。

実家の人間たち、特に私の祖母には、物を捨てずに取って置く習慣があった。戦中戦後の物資に不足した時代を経験した世代は多かれ少なかれそうなのであろうが、不要だからといってまだ使えるものを廃棄することは世間様に対しても、またその「物」自体に対しても申しわけが立たないという感覚が強かった。祖母は「いだみったなはん」（痛ましい、もったいないねえ）というのが口癖で、贈答品の箱から包み紙から、食品の空容器にいたるまで、容易に捨てようとはしなかった。

祖母の亡くなった後、遺品整理とともにそうした母屋の堆積物の多くは母によって処分されたが、その母も晩年に差しかかるにつれて、祖母と同じようにものを捨てなくなり、多くの空箱や雑誌などが中廊下の片側にうずたかく積まれることとなった。私はそれを、「家の動脈硬化」と呼んでいた。実家の中央部の大動脈である中廊下に堆積するゴミ類は、人の通行を妨げるコレステロールのような存在だったからである。家も人も、年取るといろいろと目詰まりをおこす。

そうした家の動脈硬化が進行し、ゴミ屋敷と化してゆくに任せるか、あるいはその前に一念発起して「断捨離」を決行するか、ほかの多くの家庭でも同じような模索が繰りかえされているのだろうと想像されるが、私の実家の場合には、家の中に不要物が溜まりすぎて結局廃棄へ、という単純なコースをたどるのではなく、母家の中の不要物の中でまだ使えそうなものは、次の収納先として蔵の中へと送り込まれることになっていた。何かと保守的なわが実家の中にあっては改革者を自認していた母でさえ、使い古した生活用品の中で捨てるに忍びない物があると、それを蔵へと運び込んでいた。

私の奉職した東北大学には、地震等の災害で倒壊した土蔵から古文書などの貴重資料を救い出す、「古文書レスキュー」にたずさわる研究者たちがいる。残念ながら、私の実家の蔵は、そうしたレスキューの対象にしてもらえるほどの貴重資料はふくんでいなさそうだが、日本の古い民家の土蔵は、確かに貴重な民間文書を何世代にもわたり伝えるためのカプセルとしての役割をはたしてきた。私は文化人類学者であって歴史家ではないので、自分のフィールドワークでは文書の発見や収集を主要目的とすることはなかったが、それでも、族譜と呼ばれる中国式の系譜文書などは、研究のためにずいぶんと目にしてきた。

中国の農村を歩きまわった経験からすれば、日本の農村のように普通の民家の土蔵の中から新しい歴史文書が出てくるという頻度は、中国ではずっと低い気がする。それはたび重なる戦乱や文化大革命のような旧文物の破壊運動があったせいかもしれないが、それよりも、社会のあり方、家族のあり方、そして文物や習慣の伝承のされ方の違いによるところが大きいのではないかと思っている。

日本の場合、土蔵をもつような商家や豪農は、代々誰かが「家督」を継いでそれをまもってゆく場合が多かった。花巻の瀬川の本家もそうであり、代々、花巻の四日町に家屋敷を構えた豪商であった。東蔵、中蔵、西蔵と三つあったとされるその蔵には、近世末以来の帳簿や大福帳などの資料、貴重な民具、高価な骨董品などが収められていたはずである。残念ながら、この本家は戦後まもなく破産状態となって、今はその家産も屋敷も失われている。だが、宮沢賢治の実家のようにイエがつづいていれば、ずっと先代から伝承された文物が、土蔵などの中に保管されつづけることも珍しくはない（もっとも、宮沢賢治の実家は今日までつづいているものの、第二次世界大戦末に花巻駅前と同じ日に受けた空襲により、建物や土蔵は一度焼失した。焼失間際に家人が賢治の遺品などをもち出してその作品の原稿が守られたというエピソードは有名である）。

中国の場合はどうだろうか。中国こそ、数千年の文字文化を誇る文書の国であるはずだが、文書も古い家財なども、世代を超えて伝承されることは容易ではない。第一に、日本の「家督」にあたる概念がない。父親の家産を引き継ぐ場合でも、少なくとも清末から近代初期にかけては、中国全土でかなり徹底した均分相続がなされていたことがわかっている。当時の社会調査の記録では、畑はウネ単位、家屋も部屋単位で均分し、分割不可能な物品は売却して代金を均分した、などとされている。同じ父親をもつ兄弟たちは、等しく同じ父系出自の系譜につながる者どうしであり、誰かが代表者として特別なポジションを占めることもなかったのである。だから、長男が一人だけ父親の家屋敷を引き継いで、その土蔵の中の先祖伝来の家宝も独占的に守ってゆく、という発想はなかった。おそらくこのことが、日本の農村の古い土蔵の中でつづいてきた古文書や古民具の長期的な伝承・保全という現象が、中国では比較的起こりにくかった原因と考えられる。

族譜のような系譜文書は、中国の大きな財力のある宗族では、しばしば木版で印刷され、多数のコピーが作られて一族のメンバーに配られた。それは中国が木版技術の古くから普及した社会だったせいでもあるが、それればかりではなく、日本のように一族の中の本家筋の家督が、全体を代表して原本一冊だけもっていればよい、というわけにはゆかなかったからであろう。そうした系譜知識や一族の歴史を、子孫たる者全員がシェアすることによって、はじめて一族の一体性が保たれてゆくシステムだったからだ。日本では、逆に家産も文書も本家筋が独占し、分家に分与されるとしてもごく一部にとどまった。そうすることにより、本家の威信や家産が保たれ、冠婚葬祭などに際して分家からの労力提供を受けつづける一方、分家の側はその歴史や由緒、さらには生活資源の一部さえも本家に依存することになった。そのようにして、本家―分家の相互依存関係が維持されてきたのである。

つまりそれは、世代を超え、個人の命を超えて何がつづいてゆくべきと考えるか、そしてそれを実際にどう伝えてゆくべきと考えるか、という価値意識の違いに基づいているようにも思える。日本では、血筋という目にみえない抽象的なものよりも、家屋敷やそこに付随した財産や生業が具体的に受け継がれ、存続してゆくことが重視されてきた。おそらく私の祖父母の世代までは、明らかにそのようにして具象的な存在としての「イエ」が永続してゆくことに、重要な価値を見出していたのだと思われる。そして父の世代もまた、より近代的な教育を受けつつも、心のどこかでは「イエ」の永続性への想いを受け継いでいたのだと思う。

一般的に「イエ」は、自分の血筋の子孫が引き継いでゆくことが望ましいとされ、それが優先されるべきだと考えられていただろうが、日本では近世期の武家、それに近代初期にはかなり広い階層において、血のつながりのない者を養子とすることで「イエ」の永続をはかる行為が行われていた。男子に恵まれない「イエ」では、娘に入り婿を迎えて「イエ」を継がせることで、男系の血筋以外による「イエ」の永続を図ることはごく普通に行われる行為であったし、それればかりでなく、実子がいない場合に実子以外の者を養子に迎え、そこに配偶者を迎える「両養子」も、社会的にイレギュラーな行為とはみなされていなかった。養子として外から迎えられる者は、親族・姻族の中の血のつながった者に適当な候補者がいれば優先される傾向はあっただろうが、それは絶対条件ではなく、社会の上流のいわゆる「名家」の跡取りほど、血縁関係のない別の「名家」から迎えられる頻度が高かった。

中国の場合には、一族の祖先の位牌を祭った建物や祖先の墓所など、その歴史を表象する場所や建造物は、もちろん大切なものだと認識されている。だが、そうした祖先の記念物や旧宅という物理的な表象が維持されること以上に、まずもって重視されたのは血縁、しかも男系の血縁者が途絶えずにつづいてゆくことだった。これは端的に「養子」というものに対する考え方の中に表れている。

私は近著の中で、香港新界のある宗族の明清代の族譜を詳細に分析したが、そこからわかることは、彼らが心がけていたのは、あらゆる手をつくして男系の血筋を永続させることであった。男系の子孫確保のためには、もちろん男の実子をもつことが人生の中でもトップクラスの重要事項と認識されており、妻が早世した場合の再婚、再々婚、それに正妻に男児が生まれない場合の「妾」(側室)の迎え入れなど、さまざまな「努力」がなされた。しかし、どこの社会、いつの世でも、男の実子に恵まれないという事態は生じ得る。その場合には、次世代の父系血縁者の中から適当な男子を養子として迎え、系譜を継承してゆくことが模索された。兄弟の息子(男系のオイ)が複数いれば、そのうちの一人を養子にするなどということが好んで行われた。それができない場合はより遠縁の父系親族から探された。ただし、そのような養子は、日本の養子の多くとは違って、養父母の生前に迎えられ家屋敷や家産全般を引き継ぐとはかぎらず、むしろ養父母の死後に、いわゆる「末期《まつご》養子」の形で迎えられることが多かった。その場合、養父に遺産があれば引き継ぐこともあったが、養父の旧宅の家屋敷を維持することは重視されず、養子となった後も実際には実の父母とともに生家で暮らしつづける場合もあった。つまり、そこで重視されたのは、あくまで養父の男系の系譜を引き継いで永続させることであって、家屋敷や財産を永続させることではなかった。

このように、世代を超えて何を永続させてゆくべきか、何がつづいてゆくことが社会的に価値のあることとみなされ、あるいは自分の人生をかけて取り組むべき課題とみなされたか、という点について、日本の「イエ」と中国の宗族とのあいだには微妙だが確かなズレがある。日本も中国も漢字を用いる社会なので、「家族」とか「家」とか「親族」とか、同じような字面の概念を用い、あたかも同じような社会関係や価値規範が存在してきたかにみえるが、その実は、同じ漢字で表される言葉や概念の中にも、微妙なズレをふくむものがたくさん存在するのである。

だが、相違やズレばかりではなく、共通した認識ももちろんそこには存在する。「イエ」にせよ宗族にせよ、祖先の系譜を連続的にたどり、共通の基から分化したものを同系の仲間ととらえてゆく基本的な認識は共通している。このように「系」をたどりその連続性と分化によって人や物の同質性や関係性を認識したり説明したりしようとする考え方は、一見人類に普遍的なものにみえる。自然科学では動植物の系統樹がこれの典型である。しかし、人々の日常の社会生活や文化的な表象のレベルで、この「系」の認識パターンがどれだけ多用されているかについては、文化によってかなりの相違があるのではないかと思う。少なくとも、日本や中国など東アジアの諸社会では、欧米と比べてこうした「系」の認識が非常に発達している印象を受ける。ここでいう「系」の認識とは、人や事物が現に示す形や性質の如何に関わらず、その発生論的な経緯、出自や由来といったものに重点をおいてそれらの異同や遠近を論じようとする考え方である。いわば、共時的に感知される性質の異同ではなく、通時的にさかのぼって確認される経路依存性に重きをおいて、身内と他者、同質なものと異質なものを区別する考え方である。

それはまた、人や物のあいだの分類や遠近の区別に用いられるばかりではなく、過去にさかのぼる連続性の長さが、社会的な威信や真正性に結びつけられるところに特色がある。遠い始祖からの長い系譜を辿る一族や、古い歴史を誇る「イエ」ほど、社会的に威信のあるものとして人々に尊重されるのだ。なぜそうなるのかと問われても、にわかには説明しがたい。古いほど全体の大もとである祖型に近いとみなされるからなのか、それとも、それだけ長い期間存続してきたことが社会的な成功の証拠とみなされるからなのか、理由はわからないが、とにかく古くからあるものほど価値や威信があるとみなされる。この基本的な認識の様式は、東アジア社会特有のものではないにしても、そこで顕著に発達してきたことは確かである。

しかし、そうした東アジアの諸社会も、急激な近代化とグローバリゼーションの変化にさらされてひさしい。そしてその中で、価値意識の根本的な組み替えが不可逆的に進行しているようにみえる。われわれの一世代前までは、個人の命を超え、世代を超えて連続してゆくべきもの、そうあらねばならないもの、と人々が認識するものが確実に存在した。実現できたか否かは別として、「イエ」の存続や父系血縁の系譜の連続を人々は希求し、個人は個人の存命期間を超えて永続してゆくものの一コマであるとの認識の中で暮らしてきた。今日、われわれは近代的な思考を受け入れるのと引き替えに、こうした永続性への信仰を放棄しつつある。社会のインフラから日常生活を支えるテクノロジー、さらには医療技術にいたるまで、急激に変化していく現代の時間の中で、われわれはもはや自分の死後、自分の中の何が次世代に引き継がれていくのかについて確信をもつことはできない。価値観も生活様式も財産も、しょせんは自分という個人の一代かぎりのものに過ぎず、死後にまで永続を保証されたものは何ひとつない。

人権や民主主義や地球環境など、今日普遍的な価値として論じられることの多いそうしたものの持続をもって、自己の命を超えて永続すべきもの、個人が生存中のその存在意義をかけて追求すべきもの、と考える人々もいるかもしれないが、それらがタテマエや政治的キャッチフレーズのレベルを超えて人々の価値意識の中に定着しているとは思えない。かつての、個人を超えた「イエ」や血脈の永続性を信じていた時代の人々からみれば、現代のわれわれはそうした永続性への確信を失い、個人の「自己実現」とやらとともに発散して霧消する、実に空疎な人間存在と映るに違いない。あるいはこの空白を埋めるものは、何らかの新たな宗教思想なのかもしれないが、今のところその兆しはみえない。少なくとも、科学技術の進歩そのものや、ＡＩによる御託宣が、人間にとってのこうした根本問題を解決してくれるようには思われない。

その意味では、現代社会の中にも痕跡がとどめられている多様な異文化の習慣や、歴史資料を通じて知り得る過去の異文化の思考についての探究は、われわれ人間存在の意味を問うという根本命題への糸口として、依然として高い価値をもつものであると私は信じている。文化人類学とはまさにそのような探究の営みであり、まがりなりにも私がその営みに人生の大部分を通して関わりつづけることができたことは、実に幸運なことであったと思っている。

跋

今年ももうじき、東京は沈丁花の花の匂いに包まれることであろう。東京の、特に本郷界隈は、古い家の軒先や大学の構内の藪などに沈丁花がたくさんあって、桜よりも一足早いこの時期に、ひそやかに早春の訪れを告げるのである。私が二十歳にも満たない歳のころ、最初の受験に失敗したときも、また二回目の受験で合格をはたしたときも、沈丁花の香りがあたり一面、東京の大気を満たしていたのを覚えている。それは、新たな時間のはじまり、新しい人や事物との出会いを告げる香りであったとともに、それまでの日々を過去へと送り込み、追憶と忘却の領域へと追いやる、切ない季節の香りでもあった。

故郷を離れ、都会の大学に学んだ私にとって、新しく目に触れ耳にする学問は、おおむねどれも新鮮ですばらしいものに思えた。それらはそれぞれ、扱う現象や分析の手法は異なっていたが、いずれもこの世界、われわれが産み落とされてその中にいるこの現実世界というものを、何とかして理解可能なものにしようとする地道で精緻な手続きに思えた。そして、私はそうした数ある手続きの中から、文化人類学というものを自分の専攻として選ぶようになった。

文化人類学は、通常どこかひとつの場所を自分のフィールドと決めて、その場所に長期的に関わりながら調査研究を行ってゆく手法をとる。したがって、研究者それぞれがフィールドとして選んだ場所によっても、また当然ながらその者の身につけた分析の流儀や、個人的な感性によっても、それぞれが実践する研究のスタイルはさまざまである。私は、日本の学界の中では主流のトピックを扱ってきたとはいえず、またフィールドワークにしてもほかの同業者に自慢のできるほど過酷な環境やはなはだしい異文化の中でそれを行ってきたとはいえないだろう。先輩や同僚たちからは、おまえの場合は電気も水道もあるところで毎日中華料理を食べていたんだから、人類学者らしいフィールドワークではない、と言われたこともある。だから、そんな私が文化人類学者としての半生を回顧することなど、おこがましい話であることは充分承知しているつもりだ。

だが、まがりなりにもこの分野の研究にたずさわって、四〇年を超える時間を過ごしてきた私は、その店じまいにあたり、自分のしてきたことを振りかえってまとめてみることなしには、人生の区切りがつけられないという想いに駆られたことも事実である。しかもそれは、私が文化人類学の研究をはじめた時点から後のことがらのみで完結するわけではなく、書き出してみればみるほど、それ以前の幼児体験や、親から教わった知識なども密接不可分に結びついていることに気づかされるのであった。

結局のところ、この雑文は、私がこれまで一体何をしてきたのか、そしてそもそも何者であるのかを、自分自身で確認したいという動機に基づいて、密かに取りくんだ個人的な作業の産物である。したがって、そのようなものは自分一人の感慨として心の中にそっとしまい込んでおくべき性質のものなのかもしれないとも思う。だがそれをあえて、こうして公刊書として公表し、他人の目に触れるようにしようと思い立ったのは、ひとえに私がこれまで関わりをもってきた周囲の人々への感謝の念からである。

雑文を書き進むにつれて、私は自分の人生の時々において、周囲の数多くの人々の助けを受けてここまで歩んでこられたのだということに、今更ながらに思いいたるようになった。父母、妻子、恩師、友人、同僚、調査地で出会った人々、そうしたすべての人々からの導き、手助け、影響のどれひとつを欠いても、おそらく自分の人生は成り立たなかったであろうと思える。特に、変わり者の私と人生をともに歩んでくれた妻・靖子には、この場を借りて深く感謝したい。また、他の恩義ある人々の一部は既に物故者となり、すべての人々に対して逐一礼を述べたり報いたりする術はもはやないが、せめてこのとりとめもない雑文を通じて、心からの感謝を述べたいと思う。

仙台にも、また郷里の花巻にも、沈丁花が植わっている家がちらほらとあって、春になるとそれなりに花をつけているのを見かける。だが、あの東京の春のようには、街一帯が香りに満ちる状態にはならない。なぜなのかと長年いぶかしく思っていたが、どうやら北国では沈丁花の開花が遅く、梅や桜やチューリップやその他春の花々が一斉に開花する時期に重なるので、沈丁花は花も香りもそれらの中に紛れて、目だたないかららしい。沈丁花の香る東京に想いを馳せながら、今はただ、過ぎ去った遠い日の早い春を、追憶の中にたどるのみである。

末筆ながら、このような異例のスタイルの著書の刊行を快く引き受けてくれた風響社の石井雅氏に心より御礼申し上げる。また、病気療養のさなかに本書の原稿に目を通し、最初の読者としての感想と多くの有意義なアドバイスを頂戴した西澤治彦氏にも心から感謝の意を表したい。そして現在、私と同じく老境の入り口にあるお二人の健康と多幸を、心より願うものである。

二〇二三年立春　著者

附録　自著作目録

（博士論文、科研費報告書など未刊行のものを含む）※太字は単著学術書

一九八二年

「村のかたち――華南村落の特色」、『民族学研究』四七（一）、三一―五〇頁。

「風水の話――中国漢民族社会の文化人類学的研究のために」、同人誌『あなな』創刊号、四二―四五頁。

一九八四年

「漢民族の移民とエスニシティ――香港・台湾の事例をもとに」、『民族学研究』四八（四）、四〇六―四一七頁（王崧興と共著）。

一九八五年

「打醮――まつりにあらわれる香港の村の素顔」、『季刊民族学』三三、二〇―三五頁。

一九八六年

「香港新界の村と lineage ――特に中小 lineage の観点から」、『季刊人類学』一七（一）、一六六―二〇三頁。

「紙銭・紙衣・符――紙製祭祀用品を通じて見た香港中国人の宗教生活」、『物質文化』四六、一七―三四頁。

「客家と本地――香港新界農村部におけるエスニシティの一側面」、『民族学研究』五一（二）、一一一―一四〇頁。

「神誕――香港の民間信仰祭事」、『季刊民族学』三七、六七―七五頁。

「澤田瑞穂著『中国の呪法』、『芭蕉扇』」（書評・二冊合評）、『民族学研究』五一（一）、九二―九四頁。

「費孝通著・小島他訳『中国農村の細密画――ある村の記録――一九三六―八二』」（書評）、『史学雑誌』九五（七）、九五―一〇一頁。

「祖先崇拝の世界――日本と中国」、大林太良・宮田登・萩原秀三郎編『日本人の原風景・三』（旺文社）、

四九―五六頁。
「香港新界の祠堂」、『えとのす』三一、一三三―一四五頁。

一九八七年
『中国の宗族と社会』、弘文堂、（M・フリードマン、田村克己との共訳）。

「香港新界の漢人村落と神祇祭祀」、『民族学研究』五二（三）、一八一―一九八頁。

「あの世の財貨――香港の紙製祭祀用品」、『季刊民族学』三九、九四―一〇一頁。

「村のまわり――香港新界の村落境界についての覚え書き」、『民博通信』三五、二八―三三頁

一九八八年
「械闘と村落連合――香港新界中西部五郷の事例より」、『国立民族学博物館研究報告』一二（三）、六四七―六八〇頁。

「宗族研究と香港新界――中小宗族からの展望」、『文化人類学』（アカデミア出版会）五、一一三―一二八頁。

「東南中国漢族文化の多様性――閩粵の旅より」、『民博通信』三九、三七―四一頁。

「東南中国の宗族と村落――香港新界の中小宗族を中心とした分析」（一九八八年一一月、東京大学大学院社会学研究科提出、主査・大林太良先生。翌一九八九年五月、学術博士号取得）。

一九八九年
「墓・祠堂・そして家――香港新界における祖先祭祀と宗族」、渡邊欣雄編『環中国海の民俗と文化三・祖先祭祀』（凱風社）、三六六―三九一頁。

一九九〇年
「長男の役割――社会組織の漢／韓比較のための基礎的考察」、『東北大学教養部紀要』五四、二八一―二九四頁。
「畲族と客家」、『文化人類学』（アカデミア出版会）八、七四―八五頁。
「漢族社会と『風水』――香港新界の事例を基礎に」、阿部年晴・伊藤亜人・荻原眞子編『民族文化の世界・上』

（小学館）、一八一―二〇一頁。

「渡邊欣雄著『風水思想と東アジア』」（書評）、『民族学研究』五五（三）、三四八―三五〇頁。

一九九一年
『中国人の村落と宗族――香港新界農村の社会人類学的研究』、弘文堂。

「中国南部における漢族の正統意識と民系」、片野達郎編『正統と異端――天皇・天・神』（角川書店）、三三三―三五二頁。

「香港の村とヴェトナムの村――比較の視点からの漢族村落研究の試み」、『国立民族学博物館研究報告別冊』一四、一三五―一五四頁。

「ショオ族の漢化とアイデンティティー――広東省潮州地区四ケ村の調査から」、『東北大学教養部紀要』五六、一五一―一七〇頁。

「M・フリードマンの宗族モデルの形成とその変遷」、『民族学研究』五六、二八四―二九七頁（西澤治彦と共著）。

『文化人類学を学ぶ人のために』（米山俊直・谷泰編、世界思想社、第二部第六章およびコラムを執筆）、一三六―一四八、二七二―二七四頁。

一九九二年
「香港新界における宗族の発展と墓地風水――族譜を通じた分析」、『国立民族学博物館研究報告』一七（二）、三〇五―三四二頁。
「南へ――連続的視点からみた漢族の国内／海外移動」、可児弘明編『シンポジウム華南・華人の故郷』（慶応義塾大学地域研究センター）、六二―七三頁。

一九九三年
『客家――華南漢族のエスニシティーとその境界』、風響社。
「無文字社会における時間意識」、渡部治雄編『文化における時間意識』（角川書店）、二七―四七頁。
「漢族の移住とエスニシティー――客家の場合を中心に」、『東北大学教養部紀要』六〇、一九四―二一四頁。

「風水と祖先祭祀――香港新界の族譜を手がかりとした考察」、『日本文化研究所研究報告』三〇、九一―一一〇頁。

一九九四年

「広東漢族の文化的多様性――本地人と客家の年中行事を中心として」、竹村卓二編『儀礼・民族・境界』（風響社）、二〇五―二三二頁。

「中国東南部における漢族／少数民族境界をめぐって」、黒田悦子編『民族の出会うかたち』（朝日新聞社）、二二六―二四二頁。

一九九五年

『移民と宗族――香港新界とロンドンの文氏一族』、阿吽社、（J・ワトソン、翻訳）。

『暮らしのわかるアジア読本・中国』、河出書房新社、（曽士才、西澤治彦との共編著）。

The Ethnic Identity of the She and the Cultural Influence of the Hakka, M. Suenari et als. eds. *Perspectives on Chinese Society, View from Japan*, (Center for Social Anthropology and Computing, Eliot Collage, University of Kent), pp. 191-203.

一九九六年

『族譜――華南漢族の宗族・風水・移住』、風響社。

『事典　家族』、（比較家族史学会編、弘文堂、項目執筆）。

「中国人の族譜と歴史意識」、『東洋文化』（東京大学東洋文化研究所）七六、一一一―一三二頁。

「客家の族譜と移住伝承――福建省汀州府寧化県石壁村をめぐって」、『日本文化研究所研究報告』三二、一一七―一三八頁。

一九九七年

『香港社会の人類学――総括と展望』、風響社、（編著）。

「海南島におけるエスニックグループ間の境界維持と統合」、末成道男編『東アジアの現在――人類学的研究の試み』（風響社）、九一―一一七頁。

「人類学における親族研究の軌跡」、青木保・他編『岩波講座文化人類学四巻・個からする社会展望』（岩波書店）、二一九―二六〇頁。

「全土にひろがる枝葉――英国の香港中国人」（H・ベイカー著、翻訳）、R・スケルドン編著・可児・他監訳『香港を離れて――香港中国人移民の世界』（行路社）、四四六―四六九頁。

「香港文化の一〇〇年」、『季刊民族学』八一、九八―一〇九頁。

「人と学問・王崧興」、『社会人類学年報』二三、一一五―一二三頁。

一九九八年
「漢族のつくる地域――客家の移動と華南地域社会の形成」、松本宣郎・他編『地域の世界史第五巻・移動の地域史』（山川出版社）、五二―八八頁。
「少数民族はどこから来たか」、可児弘明・他編『民族で読む中国』（朝日新聞社）、一八―四三頁。
Anthropological Studies of Chinese Society in Japan, 1900-1997, *Japanese Review of Cultural Anthropology* (Japanese Association of Ethnology) 1, pp. 7-32.
「中国の漢族――世界最大の「民族」とその内部的多様性」、『世界の民族――「民族」形成と近代』（放送大学出版）、一四五―一六三頁。
「佐々木史郎著『北から来た交易民――絹と毛皮とサンタン人』」（書評）、『東北アジア研究』二、二七三―二八一頁。

一九九九年
『族譜――華南漢族的宗族・風水・移居』、上海書店、（銭杭訳）。
「香港中国人のアイデンティティー」、末成道男編『中原と周辺――人類学的フィールドからの視点』（風響社）、二一七―二四〇頁。
「中国南部におけるエスニック観光と『伝統文化』の再定義」、『東北アジア研究』三、八五――一一二頁。

「客家――華南に暮らす漢族」、佐藤浩司編『住まいにつどう』（学芸出版社、シリーズ建築人類学二）、六五―八二頁。

「末成道男著『ベトナムの祖先祭祀――潮曲の社会生活』」（書評）、『民族学研究』六四（三）、三七二―三七七頁。

二〇〇〇年
「中国南部における宗族発達サイクルと地域性――予備的考察」、『東北アジア研究』四、四五―六四頁。

「香港新界の宗族の浮沈と風水」他、聶莉莉・他編『大地は生きている――中国風水の思想と実践』（てらいんく）、四一―四八、一一二―一一四、一九二―一九四、二五四―二五六頁。

「香港新界における廟神の祭祀と関帝信仰」、山田勝芳編『東北アジアにおける関帝信仰の比較研究』（科研成果報告書）、一〇一―一二〇頁。

「Sow-Theng Leong著 *Migration and Ethnicity in Chinese History*」（書評）、『アジア経済』二〇〇〇年七月号、八〇―八五頁。

二〇〇一年
『流動する民族――中国南部の移住とエスニシティ』、平凡社、（塚田誠之、横山廣子との共編著）。

『華南地域の族譜についての画像データベース構築とその利用方法の研究』、科研成果報告書。

「香港新界の地場交易拠点・「墟市」と英国統治以前の地域社会構造」、山田勝芳編『東北アジアにおける交易拠点の比較研究』（東北アジア研究叢書二）、一一一―一二四頁。

「福建省南西部地域における客家と円型土楼」、『東北アジア研究』五、一―二五頁。

「海を越えた宗族ネットワーク」、尾本惠市・他編『海のアジア五　越境するネットワーク』（岩波書店）、二〇七―二三二頁。

二〇〇二年
「広東省海豊県の漢族の地方文化と宗族」、『東北アジア研究』六、一―二五頁。

二〇〇三年
『文化のディスプレイ――東北アジア諸社会における博物館、観光、そして民族文化の再編』、風響社、（編著）。
「客家語と客家のエスニック・バウンダリーについての再考」、塚田誠之編『中国における諸民族の移動と文化の動態』（風響社）、一〇七―一三三頁。

二〇〇四年
『**中国社会の人類学――親族・家族からの展望**』、世界思想社。

『近代客家著名人における客家アイデンティティー形成過程の研究』、科研成果報告書。

「中国――現代中国における「民族」の分類とその動態」、青柳真智子編『国勢調査の文化人類学』（古今書院）、一四三―一五八頁。

「中国南部の族譜――手書き族譜と印刷族譜の社会的機能の比較を中心に」、「東アジア出版文化の研究」総括班編『東アジア出版文化研究　こはく』（知泉書館）、一五三―一六八頁。

二〇〇五年
「ショオ」、末成道男・曽士才編『講座世界の先住民族〇一　東アジア』（明石書店）、二九〇―二九九頁。

『中国南部の族譜――版本と手鈔本の社会的機能の比較研究を中心とした研究』、科研成果報告書。

『中国研究の可能性と課題』、東北大学東北アジア研究センター東北アジア研究シリーズ六、（編著）。

『海南島の地方文化に関する文化人類学的研究』、科研成果報告書、（編著）。

「客家アイデンティティー形成過程の研究――中華民国初期の著名政治家・軍人の出自をめぐる議論を中心に」、『東北アジア研究』九、一―三三頁。

「文書としての族譜の多様性――資料編」、三浦秀一編『東アジア出版文化の研究・調整班（B）出版物の研究』（科研成果報告書）、六一―八六頁。

「珠江デルタ西部地域における宗族、械闘、海外移住」、三尾裕子編『民俗文化の再生と創造――東アジア沿海地域の人類学的研究』（風響社）、一八三―二一二頁。

「トゥチア族の成立とその民族文化表象運動」、長谷川清・塚田誠之編『中国の民族表象』（風響社）、三三一

——三六四頁。

「民家の間取りに現れた家族のかたち」、『アジア遊学』七六、三二―四一頁。

二〇〇六年

『中国文化人類学リーディングス』、風響社、(西澤治彦との共編著)。

『特集・中国を知る』(『季刊民族学』一一五、編著)。

「中国南部の族譜の多様性とその現代的意味」、『東北アジア研究』一〇、一―三一頁。

「『客』概念と『客家』――海南島儋州・臨高地区におけるエスニシティーの重層構造」、『中国二一』二五、一三七―一五八頁。

『よくわかる文化人類学』(綾部恒雄・桑山敬己編、ミネルヴァ書房、「家族と親族」の章執筆)、六八―七七頁。

二〇〇七年

『海南島の地方文化に関する文化人類学的研究――日中仏国際共同学術調査成果』、東北大学東北アジア研究センター叢書二四、(編著)。

「広東人の宗族・宗親会活動と現代中国――父系理念、歴史の再構築、そして愛国」、鈴木正崇編『東アジアの近代と日本』(慶應義塾大学東アジア研究所)、一六七―一九八頁。

二〇〇八年

「南雄珠璣巷をめぐる広東ローカリズムと中華ナショナリズム」、塚田誠之編『民族表象のポリティクス』(風響社)、一六三―一九六頁。

二〇〇九年

『文化人類学事典』、(日本文化人類学会編、丸善、項目執筆)。

「海南島黎族の事例――清末から現在に至る黎族と漢族諸集団の相互関係」、岡洋樹編『東北大学東北アジア研究センターシンポジウム・内なる他者＝周辺民族の自己認識のなかの「中国」』(東北アジア研究シリーズ一〇）、五三―七六頁。

二〇一〇年
「中国、台湾、日本の学術書ならびに一般書における『客家』のイメージ形成過程の研究」、『東北アジア研究』一四、九七―一二一頁。
「海にむかった華南の人びと」、『季刊民族学』一三三、四〇―四三頁。

二〇一二年
『近現代中国における民族認識の人類学』、昭和堂、（編著）。
『客家の創生と再創生』、風響社、（飯島典子との共編著）。
「氏姓のポリティクス――現代中国における文化資源としての族譜とその活用」、『東北アジア研究』一六、一九九―二二六。

二〇一三年
『現代中国の宗教――社会と信仰をめぐる民族誌』、昭和堂、（川口幸大との共編著）。
『客家――華南漢族的族群性及其辺界』、社会科学文献出版社、（河合洋尚・姜娜訳）。

二〇一四年
「現代中国における宗族の再生と文化資源化」、『東北アジア研究』一八、八一―九八頁。
「客家エスニシティーの動態と文化資源」、武内房司・塚田誠之編『中国の民族文化資源――南部地域の分析から』（風響社）、一一九―一五八頁。

二〇一五年
『ヴェールの向こう側から――北朝鮮民衆の文化人類学的分析』、東北大学東北アジア研究センター報告一六、（李仁子との共編著）。

『東アジアの世界遺産と文化資源』、東北大学東北アジア研究センター報告一九、（編著）。

二〇一六年

『〈宗族〉と中国社会――その変貌と人類学的研究の現在』、風響社、（川口幸大との共編著）。

「現代中国における文化資源としての族譜とその活用」、塚田誠之編『民族文化資源とポリティクス――中国南部地域の分析から』（風響社）、四〇三―四三〇頁。

「第三五章　客家人と潮州人――中国系香港人のサブエスニシティー」、吉川雅之・他編『香港を知るための六〇章』（明石書店）、二一一―二一五頁。

二〇一七年

『華僑華人の事典』、丸善出版、（華僑華人の事典編集委員会編、項目執筆）。

「死者への供食、死者との共食――香港新界の儀礼にみる関係性の維持と断絶」、櫻田涼子・稲澤努・三浦哲也編『食をめぐる人類学』（昭和堂）、二四―四五頁。

二〇一八年

『越境者の人類学――家族誌・個人誌からのアプローチ』、古今書院、（編著）。

二〇一九年

「連続性への希求――香港新界沙田W氏族譜の内容分析を通してみる系譜意識」、『東北アジア研究』二三、一―四〇頁。

二〇二〇年

「族譜を通じてみた家族像――香港新界沙田W氏一族における『家（チア）』単位の経年変化」、『東北アジア研究』二四、一―五〇頁。

二〇一一年

『連続性への希求――族譜を通じてみた「家族」の歴史人類学』、風響社。

A Desire for Continuity: An Anthropological Study of Family Life through an Analysis of a Pre-Modern Genealogical Book in the New Territories of Hong Kong, CNEAS Monograph Series 29, Center for Northeast Asian Studies, Tohoku University.

『客家――エスニシティーの形成とその変遷』、風響社。

二〇一二年

Ancestral Genealogies in Modern China: A Study of Lineage Organizations in Hong Kong and Mainland China, Routledge.

『祖先の威光のもとで――宗族研究の総括と展望』、東北大学東北アジア研究センター、東北アジア研究叢書七一号。

二〇一三年

『華南――広東・海南の文化的多様性とエスニシティー』、風響社。

『十月の梧葉――研究者としての半生を振り返る』、風響社。

著者紹介

瀬川昌久（せがわ　まさひさ）

1957年、岩手県花巻市生まれ。

1986年、東京大学大学院博士課程中退。学術博士（東京大学1989年）。専攻、文化人類学。

国立民族学博物館助手、東北大学教養部助教授、同大学文学部助教授を経て、1996年より同大学東北アジア研究センター教授。

著書に『中国人の村落と宗族』（1991年、弘文堂）、『客家―華南漢族のエスニシティーとその境界』（1993年、風響社）、『中国社会の人類学』（2004年、世界思想社）、『連続性への希求―族譜を通じてみた「家族」の歴史人類学』（2021年、風響社）、『客家―エスニシティーの形成とその変遷』（2021年、風響社）、*Ancestral Genealogies in Modern China: A Study of Lineage Organizations in Hong Kong and Mainland China*（Routledge、2022年）など。

十月の梧葉　研究者としての半生を振り返る

2023年2月10日　印刷
2023年2月20日　発行

著　者　瀬 川 昌 久
発行者　石 井　雅

発行所　株式会社　風響社

東京都北区田端 4-14-9（〒 114-0014）
Tel 03(3828)9249　振替 00110-0-553554
印刷　モリモト印刷

ISBN978- 4-89489-327-6 C0039